Harper
Collins

Günther Anton Krabbenhöft

Sei einfach du!

ZUM JUNGSEIN BIST DU NIE ZU ALT

Harper Collins

HarperCollins®

1. Auflage: Oktober 2020
Originalausgabe

Umschlaggestaltung: FAVORITBUERO, München
Umschlagfoto: © Kooné Photography
Lektorat: Judith Schneiberg
Satz: GGP Media GmbH, Pößneck
Printed in Germany
Dieses Buch wurde auf FSC®-zertifiziertem Papier gedruckt.
ISBN 978-3-74990-016-9

www.harpercollins.de

Inhalt

Für meine Familie und meine Freunde –
und für alle, die auf der Suche nach dem Glück sind.

1

Ich lebe, was sonst?

Ganz ehrlich – nie hätte ich gedacht, dass ich eines Tages ein Buch schreiben würde. Früher hätte ich nicht für möglich gehalten, dass sich jemand dafür interessiert, was mich antreibt und bewegt. Genau das passiert mir mittlerweile täglich. Auf Schritt und Tritt werde ich angesprochen: von jungen Männern und älteren Damen, von kichernden Backfischen, malerischen Punkern, seriösen Businesstypen. Alle wollen sie ein Foto mit mir, danach löchern sie mich mit Fragen. Warum ich so glücklich bin, möchten sie wissen. Warum ich mich sogar elegant kleide, wenn ich den Müll rausbringe. Woher ich die Energie nehme, nächtelang durch die Clubs zu tanzen. Ob es da vielleicht ein Geheimnis gebe?

Ja, es gibt ein Geheimnis, sage ich dann. Ich bin einfach ich – die anderen gibt es doch schon! Ich stehe zu dem, was mich unverwechselbar macht, und bin voller Lebenslust!

Na, wenn das mal so einfach wäre, denkst du jetzt bestimmt. Dein Leben ist kompliziert, der Alltag strengt dich an, noch dazu willst du es allen recht machen. Da bleibt die Lebenslust wie von selbst auf der Strecke? Glaubst du das? Dann vergiss alles Negative, was du über dein Leben denkst.

Hör nicht hin, wenn man dir einredet, dass du auf der großen Party des Lebens immer nur ein Mauerblümchen sein wirst. Glaub an deine ganz persönlichen Wünsche und Träume. Lass dich bloß nicht ausbremsen!

Auch ich war früher weit entfernt davon, meine Träume und Wünsche zu leben. Fünfzig Jahre lang habe ich als Koch gearbeitet. Lange, viel zu lange gehörte ich zu den Menschen, die sich selbst vergessen hatten. Letztlich kam ich in meinem eigenen Leben gar nicht vor. Oder, wenn überhaupt, dann nur als Statist. Damit war es erst vorbei, als ich den Mut aufbrachte, mir eine Hauptrolle in meinem Leben einzuräumen, mit allem, was ich bin. Und als ich das Tanzen entdeckte, meinen ganz persönlichen Energie-Booster.

Tanzen richtet mich auf, wenn sich die Liebe verabschiedet und der Weltschmerz überhandnimmt. Tanzen tut mir gut, wenn mein Kopf zu platzen droht, weil er angefüllt ist mit Nachrichten, die mich erschüttern. Tanzen hilft mir, wieder den Moment zu lieben und Hoffnung zu schöpfen. Dann spüre ich die Hitze der Leidenschaft, dann gebe ich mich meiner Begeisterung für das Hier und Jetzt hin. Zu viel hineininterpretiert? Nein, für mich ist es so. Wenn ich tanze, bin ich dem Leben ganz dicht auf den Fersen und verdammt glücklich.

Was tust du, um glücklich zu sein? Wo sind deine Kraftquellen? Lass es uns gemeinsam herausfinden. Ich nehme dich mit auf die spannendste Reise überhaupt, die Reise zu dir selbst. Ein großes Abenteuer erwartet dich: das Leben in all seinen Facetten, voller Überraschungen, voller Glücksimpulse. Entdecke, wer du wirklich bist und was dein Herz zum Tanzen bringt. Was hält dich davon ab?

Entdecke, wer du wirklich bist und was dein Herz zum Tanzen bringt.

Du musst nur die Augen offen halten für die Chancen, die dir täglich begegnen. So erlebe ich es: dass dann viele wunderbare Dinge zusammenkommen und etwas Unvorhergesehenes, Magisches ergeben. So wie neulich bei diesem Straßenfest. Es sollte eine wilde Rave-Session werden – eigentlich. Doch die jungen Leute, die sich dort versammelt hatten, filmten sich nur gegenseitig mit ihren Handys. Keiner traute sich zu tanzen. Dann ravte eine Handvoll Begeisterter mit mir, dem alten Hipster, und plötzlich war die Energie da. Die ganze Straße in Bewegung! Alles pulsierte im Rhythmus der unglaublichen Kraft der Musik. Einen Moment lang dachte ich, die Freude würde mich in tausend Stücke reißen.

Stunden später, als ich wieder zu Hause war, dachte ich darüber nach, warum diese überschäumende Lebensfreude so selten entsteht. Warum wirken viele Menschen lustlos und gelangweilt? Warum vermitteln sie den Eindruck, als seien sie mit angezogener Handbremse unterwegs?

So entstand die Idee zu diesem Buch. Vielleicht kann ich ja etwas von meiner Lebensfreude weitergeben, überlegte ich. Was mich zusätzlich ermutigte, waren die vielen freundlichen, liebevollen, persönlichen Reaktionen auf meine Posts bei Facebook und Instagram. »Ich mag deine Energie und Lebensfreude, Günther. Da wird mir richtig warm ums Herz«, kommentierte neulich ein Follower. Eine Frau schrieb: »Ich bin immer sehr erfreut, von Ihnen zu lesen. Habe letzte Woche in einem Wartezimmer Facebook geöffnet, in dem Augenblick begrüßten Sie gerade in einem Video alle Zuschauer. Das ganze Wartezimmer hat gelacht. Alle fühlten sich angesprochen, alle amüsierten sich. Das passiert ja in Wartezimmern von Ärzten eigentlich nie.« Stimmt. Und dann gibt es noch Kommentare wie diesen: »Man wünscht sich manchmal, ein bisschen Günther zu sein. So eine authentische Frohnatur.«

Ich freue mich riesig über solche Reaktionen, denn sie zeigen mir, dass meine Botschaften verstanden werden. Also begann ich, kleinere und größere Begebenheiten aus meinem Leben aufzuschreiben – warum ich der wurde, der ich heute bin. Wenn ich erzähle, wie ich ein glücklicher, lebensfroher Mensch wurde, so dachte ich, hilft das vielleicht auch anderen, die Handbremse zu lösen und ins Leben zu starten.

Früher traute ich mich oft nicht zu zeigen, wer und was ich bin, weil ich Angst vor Ablehnung hatte. Wir leben in einem seltsamen Land: Die berühmte *German Angst* gehört zu unserem emotionalen Gepäck wie der Senf zur Bulette. Viele meinen, sie müssten sich anpassen, weil sie befürchten, sonst nicht gemocht zu werden. Viele haben auch Angst, andere zu enttäuschen oder ausgelacht zu werden, wenn sie ihr Anderssein zeigen. Deshalb verstecken sie sich lieber in der Komfortzone der Anonymität. Komfortabel ist es da allerdings überhaupt nicht. Wenn man in der Gleichförmigkeit verharrt, ist das auf die Dauer ziemlich deprimierend.

Manchmal ist man sich eben selbst der ärgste Feind, niemand weiß das besser als ich. Womöglich wäre auch ich irgendwann in der Komfortzone gestrandet. Aber dann machte ich die wunderbare Erfahrung, dass mein Anderssein akzeptiert wurde. Mit allen Ecken und Kanten, mit allen Stärken und Schwächen. Irgendwann merkte ich: Authentisch sein macht einfach glücklicher. Übrigens finden es auch andere großartig, wenn du aus dir herausgehst. Der Grund ist ganz simpel: Du musst gut zu dir sein, dann kannst du auch gut für andere sein. Wer seine eigene Persönlichkeit auslebt, ist ein Glücksmagnet.

Heute bekomme ich täglich ein Lächeln oder ein Kompliment von mir völlig unbekannten Menschen. Ja, es ist tatsächlich so, an jedem einzelnen Tag! Das ist ein Geschenk!

Doch wer verbietet uns eigentlich, authentisch zu sein? Diese Frage schwirrte mir durch den Kopf, als ich neulich frühmorgens aus einem Club kam. Es war eine lange Nacht gewesen, und mein Blutdruck hatte wohl beschlossen, vor mir ins Bett zu gehen. Wo war meine Energie geblieben? Kraftlos trottete ich die leere Straße entlang, als ich auf einmal einen Spielplatz entdeckte. Nun gab es kein Halten mehr. Ohne lange zu zögern, schwang ich mich auf eine Schaukel. Und da war sie wieder, meine Energie! Jauchzend flog ich in die Höhe, voller Freude, voller Lebenslust. Peinlich? Wieso denn? Wer schreibt uns eigentlich vor, was wir zu tun und zu lassen haben oder was sich schickt?

Ja, ich weiß, es gibt jede Menge Leute, die dir erzählen wollen, wie du zu leben hast. Erst sind es Eltern und Lehrer, später Kollegen und sogar angebliche Freunde. Pass dich gefälligst an, schärfen sie dir ein, fall bloß nicht auf. Und das sagen sie nicht nur Menschen wie mir, die die siebzig überschritten haben. Auch den Jüngeren liegen sie damit in den Ohren: Sei am besten wie alle! Mach dich unsichtbar, dann hast du deine Ruhe! Oder sie reden von Selbstoptimierung, was mindestens genauso nervig ist. Du sollst die beste Version von dir selbst werden. Letztlich bedeutet das aber nur, dass du die schlechteste Version deines Ichs sein sollst: angepasst und verwechselbar.

Das Resultat kennen wir. Egal, wohin man geht, bis auf wenige Ausnahmen begegnet uns Uniformität. Viele Gesichter sind grau, das beobachte ich täglich, und dann ahne ich die Resignation, die sich dahinter verbirgt. Ich kenne ja die Ängste, die Selbstzweifel, die inneren Blockaden. Sie lauern auch in mir. Aber inzwischen habe ich gelernt, damit umzugehen. Spätestens im Alter sollte man so weit sein, sich selbst zu lieben und anzunehmen, mit allen Unzulänglichkeiten, mit allen Wünschen und Träumen. Deshalb lasse ich mir nichts mehr verbieten. Ich lasse mir auch nicht vorschreiben, wie ich zu leben habe.

Man ist nie zu alt, um jung zu sein! Kaffeefahrten, Hackenporsche, Seniorentanz? Alles ganz schön, aber nicht für mich. Rentnerbeige ist weder meine Lieblingsfarbe noch mental eine Option. Das Alter ist kein Abschied auf Raten, sondern der Anfang einer spannenden Lebensphase und eine Riesenchance!

Meine kindliche Lust auf das Leben hängt jedenfalls überhaupt nicht mit meinem tatsächlichen Alter zusammen. Eher läuft es umgekehrt: Je älter ich werde, desto mehr traue ich mich, jung zu sein. Ich habe noch jede Menge pubertärer Gedanken, Ideen, Flausen im Kopf, und die lebe ich auch aus. Sollen die Leute doch denken, ich hätte nicht alle Latten am Zaun. Na und? Auch der Mut zur Lücke gehört dazu. Lohnt es sich etwa, Menschen zu gefallen, die andere in Schubladen einsortieren? Ist es nicht viel wichtiger, mit sich selbst im Reinen zu sein und zu tun, was einem Spaß macht?

Bis zum Schluss will ich neugierig bleiben, den Moment spüren und vor allem eins: bloß nicht artig sein. Am Ende meines Lebens möchte ich schwungvoll in die Kiste klettern und sagen können: Wow, das war eine geile Fahrt durchs Leben!

Festhalten kann und will ich nichts. Warum sollte ich früheren Zeiten hinterhertrauern? Die Jugend ist nur eine Momentaufnahme – und mal ehrlich: Wer hatte schon die perfekte, rundum glückliche Jugend? Meine war ziemlich durchwachsen, weil ich mich komplett unverstanden fühlte. Es war eine Zeit der Verzweiflung und der Krisen, die mich an bedrohliche Abgründe führte. Erst im höheren Alter traute ich mich, aus der Reihe zu tanzen. Seither kann ich mein Leben in vollen Zügen genießen. Wie ich das geschafft habe? Davon erzähle ich auf den nächsten Seiten.

Bevor du weiterliest, halte doch mal Ausschau nach der nächsten Schaukel. Oder tu etwas anderes Verrücktes, was du immer schon mal ausprobieren wolltest. Niemand kann es dir verbieten – außer du selbst. Und das wäre doch jammerschade, oder?

2

Sei ein Glückspilz

Du hast es selbst in der Hand

Es ist schon so eine Sache mit dem Glück. Viele denken, es sei einfach Schicksal, ob man glücklich ist oder nicht. Manche finden auch, dass das Glück ziemlich ungerecht verteilt wird. So nach der Devise: Das Leben ist eine Lotterie, bei der die meisten Menschen nur die Trostpreise bekommen und ganz wenige den Hauptgewinn. Entweder finden sie sich dann damit ab – oder sie warten darauf, dass es vielleicht doch noch klappt mit dem Glück. Irgendwie. Irgendwann. Aber kann das alles sein? Die Zeit im Stand-by-Modus verbringen, bis das Schicksal doch die Play-Taste drückt?

Neulich nachts stand ich an der Bar meines Lieblingsclubs. Gerade hatte ich mein Mineralwasser ausgetrunken, als mich zwei sympathische junge Männer ansprachen. Auf ihren nackten Oberkörpern schlängelten sich fantasievolle Tattoos, ihre Gesichter glühten vom Tanzen. Wieso ich immer so gut drauf bin, wollte einer der beiden wissen.

»Weil ich glücklich bin«, antwortete ich. »Glücklich sein ist nämlich eine Entscheidung. Du hast es selbst in der Hand.«

»Okay …« So richtig glaubte er mir nicht, das sah ich ihm deutlich an.

»Man muss natürlich auch was dafür tun«, spann ich den Gedanken weiter. »Dauernd wird einem ja gesagt: Du lebst nur einmal. Aber das stimmt nicht, denn man lebt jeden Tag, jede Minute, jede Sekunde, und das sollte man auskosten.«

»Wie denn?«, mischte sich der andere junge Typ ein. »Ich meine, dir geht's gut, du hast es leicht, glücklich zu sein.«

»Genau, du hast eben Glück gehabt«, legte der Erste nach.

Ich holte tief Luft. »Nee, nee, ich hatte überhaupt kein Glück. Es ist nur so, dass ich mittlerweile weiß, wie ich mich selbst glücklich machen kann.«

Dieser Satz löste einiges Erstaunen aus. Wir unterhielten uns noch eine Weile, danach tauchten wir wieder in die flirrende, tanzende Menge ein. Meine Gedanken schweiften zurück in mein kleines niedersächsisches Dorf, in dem ich aufgewachsen bin – und wo ich eine Kindheit erlebte, in der ich mich vergeblich nach liebevoller Wertschätzung und Anerkennung sehnte.

Nein, glücklich war ich definitiv nicht. Meinen Eltern mache ich keinen Vorwurf daraus. Es war eine andere Zeit. Als Nachkriegskind, 1945 geboren, wurde ich mit den Spätfolgen des Kriegs konfrontiert. Meine Mutter war von den Entbehrungen der Kriegszeit erschöpft und ziemlich überfordert von den familiären Pflichten. Vier Kinder großziehen, nebenbei die Kohlenhandlung ihres Vaters führen und noch dazu landwirtschaftliche Arbeiten für die tägliche Versorgung leisten, das war keine Kleinigkeit. Von ihrem Mann konnte sie keine große Unterstützung erwarten. Mein Vater war Kriegsheimkehrer, ein wortkarger, von der Gefangenschaft gezeichneter Mann. Beide waren sie mit ihren eigenen Problemen beschäftigt und damit, sich eine neue Existenz aufzubauen. Da blieben wenig Zeit und Kraft, auf die Bedürfnisse der Kinder einzugehen. Sicher hatten sie irgendwelche Gefühle für mich, zeigen konnten sie mir das wenig. Ein sensibler, verträumter Junge wie ich passte nicht in ihre Vorstellungen.

Früh wurde ich zum Einzelgänger. Andere Kinder durfte ich sowieso nicht nach Hause einladen, an die üblichen Geburtstagsfeiern mit Schulkameraden war nicht zu denken. Die typischen Jungsspiele interessierten mich auch nicht so sehr. Wenn meine Geschwister Fußball spielten, stand ich immer nur als Zuschauer am Spielfeldrand. Ob in der Familie oder in der Schule – überall fühlte ich mich fehl am Platz.

Doch ich hatte die Kraft und die Fantasie, mir meine eigene Welt zu erschaffen. Bei jeder sich bietenden Gelegenheit floh ich in die Einsamkeit. Wenn ich ganz allein in einer Margeritenwiese lag, war ich glücklich. Dort konnte ich durchatmen und meine schwierige Lebenssituation hinter mir lassen. Stundenlang betrachtete ich die Wolken über mir, die wie Schiffe über den Himmel segelten. Ihnen vertraute ich an, was mich bewegte. Dann stellte ich mir vor, dass meine Gedanken und Wünsche wie eine Flaschenpost von den Wolken fortgetragen wurden, bis sie vielleicht irgendjemand fand, der sich darüber freute und an mich dachte.

Ein anderer Lieblingsplatz war ein Sauerkirschbaum, dessen Zweige bis zum Boden reichten. Oft kroch ich durch die Zweige wie in eine Höhle, in der ich mich geborgen fühlte. Das Alleinsein machte mir keine Angst, ganz im Gegenteil. Ich war glücklich, denn ich wusste: Dies ist meine Welt. Eine Welt, die nur mir gehört und die mich umarmt.

An Umarmungen meiner Eltern kann ich mich so gut wie gar nicht erinnern. Der Krieg, der Hunger und der Überlebenskampf der Nachkriegszeit hatten sicherlich manche Emotion verschüttet. Stattdessen erzogen sie uns Kinder mit harter Hand. Wenn meine Mutter am Abend meinem Vater berichtete, was die Kinder wieder angestellt hatten, saß ich ängstlich unter dem Tisch. Mit klopfendem Herzen hörte ich zu, was sie erzählte. Danach musste mein Vater zur Bestrafung schreiten, er war der Vollstrecker. Falls ich nach dem Wortlaut meiner Mutter nicht »artig« gewesen war, wenn ich nicht »gehört« hatte, bekam ich den Hintern versohlt oder den Siebensträhner zu spüren, auch Klopppeitsche genannt.

Meist waren es Lappalien, für die ich bestraft wurde. Schon damals ahnte ich, dass es um etwas ganz anderes ging: Wir Kinder sollten gefügig gemacht werden, wir sollten spuren und durften keine »Widerworte« geben. Das Ziel war es, uns zu brechen, bis wir den Erwartungen unserer Eltern entsprachen: ohne eigenständige Gedanken, ohne jede Aufsässigkeit. Wie oft mühte ich mich ab, ihnen zu gefallen. Wie sehr sehnte ich mich danach, ein bisschen Lob oder auch nur einen Hauch von Anerkennung einzuheimsen. Doch sie nahmen mich nicht so an, wie ich war. Oft zerkratzte ich mir mit den Fingernägeln das Gesicht, bis ich blutete. Es war wohl ein Schrei nach Aufmerksamkeit und Zuwendung. Aber keiner fragte, was mit mir los war, niemand erkundigte sich nach dem Grund meiner Verzweiflung. Deshalb dachte ich: Ich gehöre gar nicht hierher. Ich bin ein Niemand. Besser, ich wäre tot.

Was mich schützte, war meine Fantasie. Sobald ich meine Aufgaben zu Hause erledigt hatte, lief ich zu meiner Margeritenwiese oder auf den nahen Friedhof. Er war das perfekte Versteck für mich, weil ich mich dort willkommen fühlte. Niemand machte mir Vorschriften, ich konnte denken, handeln und träumen, wie ich wollte. Die Inschriften der Grabsteine beflügelten meine Fantasie. Ich überlegte mir, wer die Menschen gewesen waren, die unter mir in der kühlen Erde lagen. Wie hatten sie gelebt? Waren sie glücklich gewesen? Der Friedhof wurde mein Fluchtort, mein Refugium. Ganze Nachmittage verbrachte ich in dem parkähnlichen Areal. An einen Grabstein gelehnt, aß ich mein Wurstbrot, schmökerte in Karl-May-Romanen, träumte ungestört vor mich hin.

In meinen Träumen gab es keine Grenzen. Da besaß ich all die Fähigkeiten, die man mir nicht zutraute – die ich mir ja selbst nicht mal zutraute. Aber fliegen konnte ich schon. Jedenfalls in meinen Träumen. Mitten durch Hecken und Sträucher, die meine nackten Beine streiften, rannte ich imaginären Verfolgern davon. Immer schneller, immer hektischer, bis sich ein tiefer Abgrund vor mir auftat. Was jetzt? Außer Atem blieb ich stehen und breitete die Arme aus. Klappt das? fragte ich mich bang. Aber dann erhob ich mich tatsächlich in die Lüfte. Kurz schaute ich nach unten und sah die ungläubigen Gesichter meiner Verfolger. Danach flog ich eine Kurve, flog immer höher, bis das Dorf unter mir in den Wolken verschwand. In meinen Tagträumen konnte ich alle verblüffen und in Erstaunen versetzen. Dann war ich kein Niemand, sondern genoss unbegrenzte Freiheiten. Ein berauschendes Gefühl. Wahnsinn.

Im Nachhinein erscheint es mir wie ein Wunder, dass ich nicht zerbrochen wurde. Mit allem, was ich vermisste, versorgte ich mich selbst: Liebe, Geborgenheit, Freiheit. Niemals hätte ich mir damals vorstellen können, eine reale

Chance auf überbordende Lebenslust zu haben. Die gab es nur in meiner Fantasiewelt, wenn ich davonflog und der bedrückenden Wirklichkeit entfloh. Immerhin bewahrte ich mir auf diese Weise den Glauben an die Möglichkeit von Glück. Und den Glauben an meine eigenen Gedanken und Gefühle, für die ich oft belächelt wurde.

Während der Nachmittage auf meiner Margeritenwiese und auf dem Friedhof entdeckte ich etwas ungeheuer Wichtiges: Das Leben kann noch so schwierig sein, es gibt trotzdem immer Dinge, die mich glücklich machen können. Intuitiv wusste ich: Nicht ich bin falsch, sondern das, was man aus mir machen will. Das Glück existiert, und wenn man mich in Ruhe lässt, weiß ich schon, wie ich es mir verschaffe. Im Laufe der Zeit lernte ich diese Inseln des Glücks immer mehr zu schätzen. Was auch geschah, Gutes wie Schlechtes, eins konnte mir niemand nehmen: die kleinen Glücksmomente, die ich mir selber erschuf.

Das Glück kennt nur Momente. Aneinandergereiht ergeben sie jedoch etwas ganz Großes: Lebensfreude. Sie wartet in den Archiven der Erinnerung auf eine erneute Begegnung mit dir. Und du? Worauf wartest du? Auf sechs Richtige im Lotto? Auf das nächste Smartphone? Auf den Traumpartner oder eine schicksalhafte Fügung, die dein Leben verändert?

Tja, viele hoffen, dass irgendwann die Glücksfee angeschwirrt kommt, die ihnen alle Wünsche erfüllt. Dabei geht es meist um das ganz große, lebensverändernde Glück, das wie ein Blitz einschlägt und dann für immer bleibt. Mit der Realität hat das wenig zu tun. Da müssen wir uns dauernd mit kleineren und größeren Problemen rumschlagen. Wir müssen Rückschläge verkraften, Enttäuschungen, Verluste.

Das ist nicht die Ausnahme, sondern durchaus die Regel. Hinzu kommt vielleicht – wie bei mir – die seelische Hypothek einer nicht gerade behüteten, glücklichen Kindheit.

Die gute Nachricht ist: Das Glück fällt dir zwar nicht in den Schoß, doch du kannst dafür sorgen, dass es dich findet. Also warte nicht darauf, dass sich andere um deine Lebensqualität kümmern. Betrachte dein Glück als etwas, wofür du selber verantwortlich bist.

Das Glück fällt dir zwar nicht in den Schoß, doch du kannst dafür sorgen, dass es dich findet.

Auch ich warte nicht mehr auf das viel erträumte große Glück. So wenig, wie ich auf den Traumpartner warte oder darauf, dass mich ein gütiges Schicksal mit Glück überschüttet. Es gibt keine gute Fee, die uns mit ihrem Zauberstab berührt. Vielmehr müssen wir selbst für unsere Lebensfreude sorgen, für diese besonderen Glücksmomente, für die es sich lohnt zu leben. Heute ist mir bewusst, wie wenig dafür ausreicht. Ein Vogelzwitschern, ein Lächeln, ein köstliches Stück Schokolade. Ein anerkennender Blick, ein betörender Duft, eine Umarmung. Oder eine durchtanzte Nacht. Glück geht immer! Denn es ist immer greifbar!

Mal ehrlich, was ist bei dir in den vergangen Tagen gelaufen? Hatten sie Glückspotenzial für dich? Wenn ja, konntest du einige große oder kleine Glücksmomente erkennen und genießen? Oder war da nichts?

Jeder hat seinen ganz individuellen Glückscode, so einzigartig wie ein Fingerabdruck. Du musst nur deinen persönlichen Code entschlüsseln. Auch du hast deine Margeritenwiesen, die deinem unverwechselbaren Charakter und deiner ganz persönlichen Lebensgeschichte entsprechen. Durchforste mal die Archive deiner Erinnerung, und suche nach den Glücksmomenten, die du erlebt hast, unabhängig davon, wie die Großwetterlage deines Lebens gerade aussah.

Als Glückserkennung für Anfänger und Fortgeschrittene gibt es einen perfekten Trick: Bevor es abends ins Bett geht, notier dir den Moment, in dem du gelächelt hast. Was hat dein Herz erfreut? Was macht dich froh, jederzeit? Wenn du deine Lieblingsmusik hörst? Wenn du für deine Freunde etwas Leckeres kochst? Wenn du tanzen gehst, kegeln oder in einen wunderschönen Park? Wenn du einen Wildfremden anlächelst und ein Lächeln zurückbekommst?

Am besten, du verabredest dich jeden Tag mit dir selbst. Genauso mache ich es auch. Nimm dir fünfzehn Minuten, die nur dir gehören, und tu genau das, was jede Faser deines Herzens zum Schwingen bringt. So viel Zeit solltest du wirklich übrig haben, denn für jeden Menschen hat der Tag vierundzwanzig Stunden, und du entscheidest, was davon für dich übrig bleibt.

Falls du noch nicht weißt, was du mit diesen fünfzehn Minuten anfangen sollst, lauf einfach los, und sei offen für das, was dir begegnet. Stelle deine Antennen auf Empfang. Dann kannst du den Duft nach frischen Brötchen genießen, der aus einer Bäckerei strömt. Du bewunderst die tapfere kleine Pflanze, die sich aus dem Asphalt hervorkämpft. Vielleicht amüsierst du dich sogar über die pikierte Miene, mit der sich jemand an dir vorbeidrängelt, während du tänzelnd an der Ampel stehst. Der Punkt ist, dass dieses Zeitfenster dir gehört, nur dir. Betrachte es als Quality-Time. Schon allein das macht glücklich – weil du dir diese fünfzehn Minuten selbst schenkst.

Verschiebe das Glück nicht aufs Wochenende oder auf den nächsten Urlaub. Das Glück kann jederzeit stattfinden. Für mich ist jeder neue Tag wie ein weißes Blatt Papier, das ich mit meinen Herzensdingen fülle. Das kannst du auch. Sogar dann, wenn du meinst, du hättest keine Zeit dafür. Mach dein eigenes Ding. Jetzt! Dann kannst du dich täglich mit Glücksimpulsen versorgen. Ganz ohne gute Fee, versprochen.

3

Sei einzig, aber nicht artig

Wie ich mich fand und erfand

Anders sein, die eigene Individualität genießen, das ist mir wahrlich nicht in die Wiege gelegt worden. Anfangs fühlte ich mich oft als Außenseiter, teilweise mit dramatischen Folgen. Das fiel mir neulich wieder ein, als sich ein Zufallsgespräch in der U-Bahn ergab. Mir gegenüber saß ein junges Paar in Jeans und grauen Hoodies, kaum älter als zwanzig. Zunächst starrten sie nur wie hypnotisiert auf ihre Handys. Dann sahen sie mich und lächelten mir zu.

»Wir kennen dich von Instagram«, erzählte mir die junge Frau.

»Genau, und wir mögen deinen coolen Style.« Der junge Mann zeigte auf meinen hellen Sommerhut. »Ich feier das voll.«

»Ähm, ja?«, druckste ich herum. »Danke.«

Mann, Mann, Mann, dachte ich, du hast immer noch Schwierigkeiten, Komplimente anzunehmen. Schon verrückt, nach all den Jahren. Eine halbe Ewigkeit ist es her, dass ich nur aus Selbstzweifeln bestand. Diese Phase wird wohl immer ein Teil von mir bleiben. Trotzdem lächelte ich, weil es mir gelungen war, das Eis zu brechen.

»Woher nimmst du eigentlich deine positive Energie?«, fragte der Junge.

Die Umsitzenden schauten mich neugierig an. Na, los doch, Günther, sprach ich mir Mut zu, sag, wie du wurdest, was du heute bist. *Bekenne Farbe. Beschönige nichts.*

»Es ist so …«, mit einer Hand umklammerte ich den silbernen Knauf meines Gehstocks, »eigentlich hat mich der Schmerz zu meinem positiven Lebensgefühl geführt.«

Ungläubige Blicke richteten sich auf mich.

»Doch, doch«, bekräftigte ich, »der Schmerz war immer mein Motor. Ich kenne das alles, Melancholie, Verzweiflung, Geldsorgen, Todessehnsucht. Ich habe mich geschämt für das, was ich bin. Weil ich anders war.«

»Du bist immer noch anders«, merkte jemand trocken an.

»Stimmt. Aber heute liebe ich mich dafür.« Ich schaute aus dem Fenster des U-Bahn-Waggons, hinter dem die Häuserzeilen vorbeiflogen. »Viele gehen mit einem komplett falschen Selbstbild durchs Leben. Sie messen sich an anderen und verbergen ihre wahre Persönlichkeit. Dauernd verstellen sie sich, weil sie hoffen, dass es ihnen damit besser geht. In Wahrheit sind sie todunglücklich.«

Im Waggon wurde es ganz still, während ich mich wieder dem Paar zuwandte.

»Man sollte keine Angst davor haben aufzufallen, weder mit seiner Kleidung noch mit seinem Lebensstil.«

»Aha.« Die beiden sahen an ihren Hoodies herunter, bevor sie aufstanden. »Wir müssen gleich raus. Dürfen wir noch ein Selfie mit dir machen?«

Es wurden viele, viele Selfies. Danach sah ich den beiden hinterher, bis sie vom Gewühl des U-Bahnhofs Schlesisches Tor verschluckt wurden. Vielleicht hatte ich sie ja ins Grübeln gebracht, dass es nicht wirklich Sinn macht, sich anzupassen?

In jedem Falle hatten sie mich an meine eigene Jugend erinnert. In meiner Familie gab es keinerlei Verständnis für textile Extravaganzen, da musste angezogen werden, was im Schrank hing. Erst als Jugendlicher wagte ich die erste Rebellion. Damals war es üblich, dass man die Klamotten der älteren Geschwister auftragen musste. Da ich der Jüngste war, fiel mir die undankbarste Rolle zu. Nachhaltigkeit nennt man das heute. Aus alten Mänteln entstanden Jacken, aus aufgetrennten Kostümen meiner Mutter fabrizierte man Hosen. Nur meine Schuhe waren neu, weil ich immer die größten Füße hatte.

Eines Tages wollte mir mein Vater einen Mantel aufdrängen, den man aus irgendeinem scheußlichen Stoffrest zusammengenäht hatte. Ein fürchterliches Teil. Vehement weigerte ich mich, den Mantel anzuziehen. Daraufhin wurde mein Vater fuchsteufelswild. Mit erhobener Hand wollte er mich zwingen, das schreckliche Ding zu tragen. Da nahm ich all meinen Mut zusammen. Am ganzen Leib zitternd schleuderte ich meinem Vater entgegen: »Und wenn ihr mich totschlagt – diesen Mantel ziehe ich nicht an!«

Es war eine Schlüsselszene meines Lebens. Ich hatte so viel ertragen müssen, aber der Mantel brachte das Fass zum Überlaufen. Er stand für alles, was ich hasste – die elterliche Strenge, die emotionale Kälte, die Schläge, mit denen ich kleingehalten werden sollte. Auch wenn ich Kleidung damals noch nicht als Selbstausdruck bezeichnet hätte, war mir doch eines klar: Ich musste mich abgrenzen, wenn ich mich nicht aufgeben wollte.

Meine Träume zu verwirklichen stand allerdings noch nicht zur Debatte. Mit fünfzehn, nach acht Jahren Dorfschule, fragte ich mich, wie es mit mir weitergehen sollte. Eine Idee hatte ich schon: Ich wollte Lampen entwerfen. Von Kindheit an interessierte ich mich für die Schönheit der Dinge. Das Wort »Design« kannte ich gar nicht, aber in meiner freien Zeit zeichnete ich unablässig originelle Beleuchtungskörper. Muss ich erwähnen, dass meine Eltern diese künstlerischen Ambitionen als Firlefanz abtaten? In aller Strenge bestimmten sie, dass ich etwas Handfestes lernen sollte. Eine Kochlehre, das sei das Richtige für mich. Tja, aus der Traum. Statt Lampen zu entwerfen, musste ich in der Großküche eines Hannoveraner Hotels antreten.

Die Lehre war ein Realitätsschock. Eine harte Schule für einen sensiblen Jungen wie mich, der so gern einen kreativen Beruf erlernt hätte. Natürlich ist auch Kochen etwas Kreatives, aber damals behandelte man Lehrlinge keineswegs so rücksichtsvoll wie die Auszubildenden heutzutage. Lehrjahre sind keine Herrenjahre, hieß es. Jede Anweisung erfolgte im Kasernenhofton, beim kleinsten Fehler wurde man angebrüllt. Auch die Arbeit war nicht ohne. Ich musste ganze Rinder zerlegen, Kaninchen häuten, Hühner ausnehmen. Oft musste ich auch zappelnde Aale erschlagen, die sich panisch um meinen Arm schlangen. Stundenlang stopfte ich Würste und schnitzte Butterskulpturen. Und wehe ich brauchte zu lange dafür. Dann hagelte es beißende Kritik. Zudem wurde ich gehänselt, weil ich den anderen Lehrlingen zu weich war. Dauernd zogen sie mich auf und verspotteten mich als »Mädchen«.

Natürlich war diese Lehre überhaupt nicht das, was ich mir für mein Leben vorgestellt hatte. Wie schon als kleiner Junge versuchte ich deshalb, mir eine Gegenwelt zu erschaffen. Zwischen Früh- und Spätschicht las ich Rilke-Gedichte oder flüchtete ins Kino im Anzeigerhochhaus, wo Filme von Ingmar Bergman und François Truffaut liefen. Oder ich ging ins Theater am Aegi. Mehrfach erlebte ich dort die legendäre Tilla Durieux, deren Schauspielkunst und Bühnenpräsenz meine größte Bewunderung galt. Alles Kulturelle saugte ich förmlich in mich hinein. Sobald ich in die Welt des Films, der Literatur und der Musik eintauchte, konnte ich für kurze Zeit den Druck und den rabiaten Umgangston der Küche vergessen.

Nach zwei Jahren, in denen ich zwischen meinem Dorf und meinem Ausbildungsplatz hin- und hergependelt war, zog meine Familie nach Hannover, in die Nähe der Herrenhäuser Gärten. Eine Stütze war mir die Familie keineswegs, und so schlitterte ich mitten in eine tiefe Lebenskrise. Ich konnte mich einfach nicht an das harte Arbeitsklima gewöhnen. Eine innere Leere breitete sich in mir aus. Selbst meine kulturellen Glücksinseln halfen mir nicht mehr weiter. Alles, was ich spürte, war eine große Hoffnungslosigkeit. Ohne Plan, nur getrieben von meiner wachsenden Verzweiflung, riss ich aus.

Zu Fuß wanderte ich querfeldein bis ins vierzig Kilometer entfernte Peine, wo ich verzweifelt weinend auf dem Bahnhof landete. Eine Weile saß ich auf einer Bank am Bahnsteig. Dann wurde eine Frau auf mich aufmerksam und übergab mich der Polizei. Meine Flucht war gescheitert. Wenig später holten mich mein Vater und einer meiner Brüder ab. »Weshalb machst du deiner Mutter so viel Kummer?«, lauteten ihre ersten Sätze. Die Gründe, warum ich weggelaufen war, interessierten niemanden.

Irgendwann wurde die Belastung zu groß. Eines Morgens, als ich zur Berufsschule hätte gehen müssen, hielt ich es nicht mehr aus. Ich wollte sterben. Schon eine Weile hatte ich Schlaftabletten gehortet, nun setzte ich in die Tat um, woran ich schon oft gedacht hatte: Ich schluckte ein ganzes Röhrchen Tabletten, um meinem Elend ein Ende zu setzen. Ich wollte nicht mehr. Ich konnte nicht mehr. Ich betrachtete mich selbst als Last.

Weil ich nicht in der Berufsschule erschien, schöpfte eine Freundin Verdacht. Einige Male hatte ich ihr bereits gestanden, dass ich mir das Leben nehmen wollte. Voller Sorge fuhr sie in einer Freistunde zur Wohnung meiner Familie und klingelte Sturm. Irgendwie schaffte ich es noch, mich zur Tür zu schleppen. Dann wurde ich ohnmächtig. Erst im Krankenhaus kam ich wieder zu mir. Man hatte mir den Magen ausgepumpt, buchstäblich in letzter Sekunde war ich gerettet worden. Aber wollte ich das überhaupt?

Leichenblass und völlig am Ende lag ich im Klinikbett, als meine Eltern im Krankenhaus erschienen. Falls ich damit gerechnet hatte, dass sie endlich meine Not verstanden, täuschte ich mich gewaltig. Kaum traten sie an mein Bett, als sie mir auch schon Vorwürfe machten. »Was ist bloß los mit dir?«, blafften sie mich an. »Was fällt dir ein, uns schon wieder Kummer zu bereiten?« Von Mitgefühl keine Spur.

Das Unverständnis meiner Eltern hatte aber auch sein Gutes. Es trug dazu bei, mich nach und nach von ihnen zu lösen. Mein geplanter Freitod war ein letzter verzweifelter Hilfeschrei gewesen, weil ich dachte: Ich bin nicht gut, ich bin nicht richtig. Der ungeheure Schmerz, der durch ihre unverminderte Ablehnung ausgelöst wurde, rüttelte mich jedoch wach. Jetzt erst recht, dachte ich. *Du hast versucht, dich ein-*

zufügen, und bist daran fast zerbrochen. Letztlich hast du mit deiner Anpassung an die Erwartungen anderer nur ungeheuer viel Lebensenergie vergeudet. Versuch es doch mal mit dem Gegenteil. Zeig der Welt, dass du anders bist und dass es gut ist, anders zu sein. Du musst nicht mehr »artig« sein. Du bist einzigartig, also steh dazu!

Du musst nicht mehr »artig« sein.
Du bist einzigartig, also steh dazu!

In meinem Umfeld gab es nur Gleichförmigkeit, deshalb holte ich mir meine Inspiration aus Filmen, Wochenschauen und Zeitschriften. Zum Beispiel liebte ich Cary Grant und Jean-Paul Belmondo, Bette Davis und Jeanne Moreau. Sie alle wirkten stark und selbstbewusst, deshalb wurden sie meine Vorbilder. Als in den 1960er-Jahren der Existenzialismus von Frankreich nach Deutschland schwappte, hing ich ganz in Schwarz in dunklen Bars ab, rauchte französische Zigaretten und hörte Chansons von Edith Piaf, Gilbert Bécaud, Jacques Brel. Ganz besonders mochte ich Françoise Hardy wegen ihrer melancholisch verhangenen Stimme. Und natürlich schwärmte ich für Leinwandrebellen wie James Dean. In solchen Künstlern konnte ich mich wiederfinden, weil sie den Mut hatten, etwas Besonderes zu sein.

Gleichzeitig wurde auch ich mutiger. Wenn ich schon anders war, wollte ich das auch zeigen. Deshalb suchte ich mir auf Flohmärkten Klamotten zusammen, die ich nach meinem persönlichen Geschmack kreativ veränderte. Glücklicherweise traf ich auf Gleichgesinnte. In jeder freien Minute werkelten wir an unseren Outfits herum.

Als in den 1960er-Jahren der Minirock für Herren propagiert wurde, waren wir die Ersten, die sich an den neuen Look heranwagten. Ich hatte ihn in der Zeitschrift *Twen* gesehen, zu kaufen gab es so etwas Extravagantes in Hannover natürlich nicht. Also nähte mir eine meiner Freundinnen einen Rock aus Cordstoff; dazu bastelten wir aus Ledersohlen und Stoffbändern Gladiatorensandalen mit Schnürungen bis zum Knie, weil die zum Rock empfohlen wurden. Wenn wir dann am Wochenende über den Kröpcke liefen, Hannovers belebtesten Platz, war uns die Aufmerksamkeit der Hannoveraner sicher. Anfang der Sechzigerjahre kam unser textiler Protest gegen die Gleichmacherei einer kleinen Sensation gleich. Aufgeregt flanierten wir durch die Stadt, während Passanten mit offenem Mund stehen blieben, um uns Paradiesvögel anzustarren.

Manchmal bekam ich sogar Komplimente. Das haute mich um. Es war ein weiteres Schlüsselerlebnis. Mit allem, wofür mich meine Eltern kritisiert hatten – meine Unangepasstheit, meine kreative Ader –, erntete ich nun nicht mehr Kopfschütteln, sondern auch Zuspruch. Ich war stolz, dass ich mich aus der Masse abhob, wenn ich Netzhemden und ausgefallene Neoprenmäntel mit Hahnentrittmuster trug, dazu Kappen und Hüte vom Flohmarkt. Das fühlte sich gut an. Zum ersten Mal in meinem Leben merkte ich, dass Anderssein Spaß machen kann.

Anfangs standen mir manchmal Tränen in den Augen, wenn mir jemand etwas Nettes sagte. Noch heute fühle ich mich manchmal gar nicht gemeint. Doch dann sage ich mir: Hey, Günther, nimm es an! *Wenn du so wärst wie alle, würdest du weder glücklich sein noch andere erfreuen. Sei froh, dass du die Kraft hattest, dein eigenes Ich auszuleben.*

Meine schwierige Kindheit und Jugend werde ich nie ganz vergessen, aber ich habe meinen Frieden damit geschlossen. Das ist ungeheuer wichtig: Verzeihe Menschen, die dich verletzt haben, andernfalls musst du sie als Bürde durch dein weiteres Leben tragen. Was aus dieser Phase zurückblieb, ist meine Schwierigkeit, mit Komplimenten umzugehen. Tief in mir hockt wohl immer noch der kleine Junge von einst, der sich an Ablehnung und Tadel gewöhnt hatte.

Was ich daraus lernte? Schmerz ist ein ganz wichtiges Signal. Du darfst ihn nicht verdrängen. Er ist ein Indikator dafür, dass es Zeit ist, dein Leben zu ändern. Wie gesagt: Anpassung vergeudet sehr viel Energie. Das kann dazu führen, dass du jeden Lebensmut verlierst. Deshalb solltest du dich unbedingt aus einem Umfeld lösen, wo du für dein Anderssein gemobbt wirst. Nichts muss bleiben, wie es ist. Alles, wirklich alles, kannst du verändern. Du kannst sogar deine vermeintliche Schwäche in eine Stärke verwandeln. Mich hat es jedenfalls stärker gemacht, aus mir herauszugehen. Die ausgefallene Kleidung meiner Jugendjahre war ein Signal für mein erwachendes Selbstbewusstsein. Mit meinen Klamotten sagte ich: Seht her, so bin ich, und es gibt keinen Grund, mich dafür zu schämen.

Wenn Menschen dich ablehnen, weil du bist, wie du nun mal bist, heißt das keineswegs, dass mit dir etwas nicht stimmt. Es heißt nur, dass du am falschen Ort bist und dich mit den falschen Leuten umgibst. Wer dich permanent runtermacht und schlechte Energie verströmt, gehört nicht in dein Leben. Punkt.

Niemand sollte sich verstecken. Auch du nicht! Da gibt es bestimmt so einiges, was zum Vorschein kommt, wenn du in dich hineinhorchst. Welche Seite deines Selbst wolltest du immer schon mal ausleben? Genauso kannst du dich fragen, ob dein Leben noch zu dir passt. Welcher Stil, welche Hobbys, welche Filme, welche Freizeitvergnügungen entsprechen deinem Selbst? Stell es dir einfach vor, ohne Limits. Dann frage dich, wie viel Raum du diesen Dingen in deinem Leben gibst. Zumindest eines davon solltest du auf der Stelle verwirklichen. Sei bloß nicht artig – sei einzigartig!

4

Gib deinem Ich eine Form

Stil ist so viel mehr als Mode

Wenn ich auf der Straße angesprochen werde, ist zunächst mein Aussehen ein Thema. Klar, gerade in Berlin, der Hauptstadt der schwarzen Kutte, falle ich auf, weil ich Farben liebe. Ich liebe auch gut geschnittene Anzüge und Jacketts, ich mag Fliegen und Einstecktücher, ich schwärme für schöne Hüte und edle Schuhe. Irgendwann habe ich meinen individuellen Stil entdeckt. Und der ist nun so gar nicht mausgrau, weil ich eine spezielle Vorstellung von Eleganz und Stil habe. Alle sprechen immer von der Bunten Republik Deutschland – warum also nicht dem Leben Farbe verleihen?

»Wieso hast du eigentlich so einen krassen Style?«, fragte mich kürzlich ein junger Typ in Jogginghose und T-Shirt auf der Kreuzberger Admiralsbrücke.

Ich sah an mir herab. »Krass, na ja, passend, würde ich sagen. Auch das ist Glück für mich: mir eine Form zu geben, in der ich mich wohlfühle.«

»Echt?« Der junge Typ runzelte die Stirn. »Aber ist das denn bequem?«

Da musste ich nun wirklich lachen. Bequemlichkeit scheint das neue Kleidungsideal zu sein. Formlosigkeit, genauer gesagt. Die Invasion der Jogginganzüge ist kaum noch aufzuhalten.

»Weißt du«, erwiderte ich, »wenn du wirklich denkst, dass diese Kleidung zu dir passt, dass sie also genau dem entspricht, was du bist, ist alles in Ordnung.«

»Hm, ich ziehe an, was alle anziehen.«

»Aber du bist doch nicht alle«, sagte ich. »Du bist doch du.«

Mein Gegenüber vergrub die Hände in den Taschen seiner Jogginghose. »Keine Ahnung, ob das zu mir passt.«

Als wir uns verabschiedeten, sah ich die Nachdenklichkeit in seinen Augen. Vielleicht ging ihm auf, dass er letztlich dem Massengeschmack gefolgt war. Und damit auch der großen Gleichmacherei.

Offen gestanden habe ich bei vielen Menschen das Gefühl, sie ziehen sich nur an, um nicht nackt zu sein. Ob es ihnen gefällt, darüber denken sie wahrscheinlich gar nicht nach. Vor allem Männer laufen oft so rum, wie ihre Mütter sie einst in den Kindergarten, zur Schule und auf den Spielplatz geschickt haben. Praktisch und strapazierfähig soll es sein: ausgeleierte Hosen, verwaschene Sweatshirts oder Hoodies, verfusselte Pullover, dazu Turnschuhe mit Traktorsohle und Klettverschluss. Manchmal gehe ich durch die Stadt und stelle mir diese Männer mit Spielzeugeimer und Schäufelchen vor. Dann denke ich: Hey, ihr seid Männer geworden, aber ihr seht aus wie alt gewordene Kinder!

Manchmal höre ich: »Na ja, du bist immer super gestylt, aber ich habe kein Geld für Klamotten.« Man sollte ehrlich sein – wofür gibt man sein Geld denn aus? In unseren Breitengraden investiert man in das nächste Smartphone, in ein neues Auto, in Möbel, in den Urlaub. Nur bei der Kleidung wird gespart, als sei die das Unwichtigste. Also laufen die Leute zum Discounter. Sie kaufen viel und billig. Nachhaltig ist das nicht, sondern reine Verschwendung. Meine Mutter sagte schon immer: »Wir können es uns nicht leisten, billig zu kaufen.« Damit meinte sie: Alles, was angeschafft wird, soll lange halten. Meine Anzüge halten ewig, weil ich auf Qualität achte, auch bei meinen Hüten, meinen Schleifen, meinen Einstecktüchern. Alles, was ich mir leiste, ist nachhaltig. Manche meiner Schuhe trage ich schon seit dreißig Jahren. Ich pflege sie, und sie werden immer wieder repariert.

Mein Leben lang musste ich das Geld zusammenhalten und mir immer genau überlegen, wofür ich es ausgab. Als Koch verdient man bekanntlich nicht viel. In meiner Ehe führten wir sogar Haushaltsbücher. Trotzdem hatte ich immer genug übrig, um mich nach meinem Geschmack zu kleiden. Weil ich es wollte! Beispielsweise ist meine Lieblingsfarbe ein strahlendes Blau. Da reicht es manchmal schon, himmelblaue Schnürsenkel in die Boots zu fädeln und dazu passende blaue Socken zu tragen – fertig ist ein neuer Look.

Schon paradox: Heute hat wirklich jeder die Möglichkeit, sich für kleines Geld individuell und kreativ zu kleiden. Warum sehen die allermeisten trotzdem gleich aus? Offenbar haben nur wenige den Mut, sich dem allgegenwärtigen Anpassungsdruck zu entziehen.

Ich wollte früh anders aussehen, weil ich mich schon immer anders fühlte und anders war. Es gehörte einfach zu mir, mich besonders zu kleiden. So traute ich mich, in unkonventionellen Klamotten unterwegs zu sein. Auch der Zeitgeist spielte natürlich eine gewisse Rolle. Als die Fotos der ersten Hippies zirkulierten, behängte ich mich mit bunten Ketten und lief mit Jesuslatschen und hüftlangen Brokatwesten herum, die ich aus alten Vorhängen geschneidert hatte. Letztendlich baute ich mir immer meinen eigenen Stil aus den Inspirationen jener Jahre. Und obwohl ich mir manchmal spitze Bemerkungen einfing, fühlte ich mich in solchen Momenten gut und stimmig.

Auch heute betrachte ich Kleidung als Ausdruck dessen, was ich bin. Ich trage gewissermaßen mein Inneres nach außen und lasse meine Persönlichkeit hervorblitzen – zum Beispiel mit kleinen Accessoires wie einem bunten Einstecktuch oder einer Schleife. Für mich ist das so selbstverständlich, dass ich völlig verblüfft war, als vor einigen Jahren ein wahrer Hype um mich losging. Ich stand auf dem U-Bahnsteig der Linie 1 am Kottbusser Tor, als mich ein britischer Tourist ansprach. Ob er mich fotografieren dürfte? Das war mir unangenehm. Höflich lehnte ich ab. Erst als er regelrecht um ein Foto bettelte und mir versprach, es nur für private Zwecke zu nutzen, willigte ich ein. *Okay, ein Foto.* Am nächsten Tag hatte ich es schon wieder vergessen.

Damals war ich noch nicht in den sozialen Medien unterwegs, deshalb wusste ich nicht, dass das Foto rasend schnell um die Welt ging, tausendfach geteilt, kommentiert und gefeiert. Dass etwas im Busche war, merkte ich erst, als die DJane Annie O. aus London mir erzählte, ihre sämtlichen Freunde würden gerade das Foto liken. Es gebe auch schon heiße Diskussionen darüber, wer der Typ auf dem Foto sei. Annie O. hatte mich auf den Berliner »Morning Glory Partys« kennengelernt, wo sich frühmorgens Leute treffen, um zusammen in den Tag zu tanzen. Deshalb konnte sie ihren Freunden sagen: »Ey, den kenn ich, das ist ein Berliner!«

Kurz darauf wurde ich von wildfremden Leuten auf der Straße angesprochen: »Hey, wir kennen dich aus dem Internet!« Alle wollten sie ein Selfie mit mir. Nun ging es Schlag auf Schlag. Andere Freunde berichteten mir, das Foto sei inzwischen auch in Polen, Belgien und Spanien aufgetaucht, in China, Russland, Japan, Australien, Neuseeland, Südamerika. Und sogar in New York.

Ich dachte, die veräppeln mich. Doch dann zeigten sie mir, was los war. Das Bild war auf Facebook über drei Millionen Mal gelikt worden. Das Bild eines knapp Siebzigjährigen mit Gehrock, Fliege, grünem Pork-Pie-Hut und cognacfarbenen Schnürschuhen zu aufgekrempelten Hochwasserjeans. Wie konnte das sein? Ich weiß es bis heute nicht und werde es wohl nie begreifen. Doch das Foto zog immer größere Kreise. Inzwischen rankten sich die verrücktesten Legenden um mich. Unter anderem hieß es, ich sei ein 104-jähriger Hipster und würde in den angesagtesten Berliner Techno-Clubs die Nächte durchtanzen. Das war der Moment, in dem ich eingreifen musste. In einem Internetforum stellte ich klar: »Hallo Leute, ich bin nicht 104, sondern frische neunundsechzig. Ich heiße Günther Anton Krabbenhöft und rave gern in Berliner Clubs. Das ist alles.« Zum Schluss haute ich ein Zitat von Lotti Huber raus: »Diese Zitrone hat noch viel Saft!«

Damit hätte das Ganze erledigt sein können. Aber nun ging es erst richtig hoch her. Kurz darauf schickte eine japanische Modefirma ihre Trendscouts nach Berlin. Sie durchstreiften meinen Kreuzberger Kiez, zeigten den Leuten ein Foto von mir und fragten, ob mich jemand kenne. Ich war gerade bei Freunden auf Mallorca, als ich davon erfuhr. Die Trendscouts baten mich, sofort nach Berlin zurückzufliegen, weil sie mich in ihrem Katalog präsentieren wollten. Ich war sprachlos. Wie das denn gehen solle? Ich sei doch gar kein Model. Dann rief mich der Designer aus Tokio an. Es sei kein normales Fotoshooting, sondern ein Artikel über mich und meinen Berliner Lifestyle geplant. So landete ich auf dem Titel des Winterkatalogs der japanischen Modefirma, in dem ich auf sechs Seiten vorgestellt wurde – als Person, nicht als Kleiderständer.

Funk und Fernsehen ließen nicht lange auf sich warten. Überall liefen nun Berichte über den älteren Herrn, der als Gentleman-Dandy durch Berlin spazierte und sein Faible für Housemusic und Techno kultivierte. Die amerikanische *Huffington Post* nannte mich »officially the world's most fashionable grandpa«. Auf einem riesigen Plakat hing mein Konterfei an einem Hochhaus am Mühlendamm und warb für Google Kiosk, danach durfte ich in einem Werbespot für die DEKA Electroswing tanzen. Zahllose Interviews, Talkshowauftritte und Reportagen folgten, und ich wurde auch zu Rave-Sessions eingeladen. Unter anderem reiste ich nach Österreich; das Video, wie ich in Graz tanzte, ging ebenfalls um die Welt.

Irgendwie hatte ich wohl einen Nerv getroffen. Nur welchen? Wenn man mich darauf reduzieren würde, ein Fashion-Hipster zu sein, wäre das verfehlt. Kleidung ist eine sichtbare Facette von mir, aber sie definiert mich nicht. Möglicherweise merkten die Leute, dass ich mit mir stimmig bin, denn meine Überzeugung lautet: Man sollte nicht nach einem modischen Stil suchen, man sollte nach seinem Ich suchen. Wenn man herausfindet, wer man wirklich ist, dann findet man auch die passende Kleidung.

Mit Mode hat das alles nichts zu tun. Niemals würde ich

mich für etwas begeistern, was ich tausendfach auf der Straße sehe. Trends bin ich noch nie hinterhergelaufen. Ich würde mir keinen modischen Vollbart stehen lassen. Ich würde auch keinen Männerdutt tragen oder Hosen, die in den Kniekehlen hängen. Sicher, es gibt viele Männer, denen so was steht, für mich wäre das nichts. Warum? Weil es nicht zu mir passt. Als Fashion-Ikone betrachte ich mich überhaupt nicht. Ich trage, was mich ausmacht.

Wenn man herausfindet, wer man wirklich ist, dann findet man auch die passende Kleidung.

Damals in Hannover waren es erste Versuche, meine Identität auszudrücken – wer ich war, wer ich sein wollte. Das sah durchaus nicht immer gelungen aus, ich übte eben noch. Es ging mir um etwas ganz anderes: um Selbstwertschätzung. Auch heute ist das immer noch mein Leitgedanke. Ich schmücke den Tempel meines Körpers, ich trage meine Stimmungen nach außen und setze mit Farben Akzente. Für manche Leute bin ich vielleicht ein bunter Hund – und wennschon! Sich selbst und anderen gegenüber achtsam sein, sich aufs Schöne fokussieren, stolz auf sich sein, das alles hat mich zu einem glücklichen Menschen gemacht.

Zugleich verbinde ich auch eine Philosophie mit meinem Stil. Zwar verändere ich mit meiner Kleidung nicht die Welt, doch ich empfinde sie als sichtbaren Einspruch gegen die Ästhetik des Hässlichen, der wir täglich ausgeliefert sind. Gerade in Berlin kann man nicht gerade von einer schönen Stadt sprechen. Neben den vielen liebenswerten Vierteln gibt es Bausünden, wohin das Auge blickt: eilig hochgezogen, brutal hingeklotzt. Neuerdings verschandeln auch noch Betonpoller die Straßen. Da ich die Schönheit so sehr liebe, fange ich einfach bei mir selbst an.

Meine gute Freundin Britt, die ebenfalls für ihre ausgefallenen Outfits bekannt ist, nennt es »ästhetischen Widerstand«. Diese Formulierung gefällt mir. In der heutigen Welt werden die Spielräume immer kleiner, da kann man wenigstens in seinem eigenen Umfeld dafür sorgen, dass die Welt etwas bunter und vielfältiger wird. Grau in grau gibt es schon mehr als genug.

Wenn du das nächste Mal in den Spiegel schaust, kannst du ja mal überlegen, welcher Stil deinem Charakter und deinem Temperament entspricht. Ob Großstadtindianer oder Dandy, ob 60er-Jahre-Mod oder Hipster, es gibt so unendlich viele Möglichkeiten, deine Persönlichkeit zum Ausdruck zu bringen. Spaß macht es in jedem Fall. Du kannst kreativ werden und hemmungslos drauflosexperimentieren. Mit ungewohnten Klamotten kannst du dich auch selbst ausprobieren.

Natürlich, das sind Äußerlichkeiten, aber wir wissen ja, worauf es wirklich ankommt. Das eine schließt das andere nicht aus. Innere und äußere Schönheit können ein perfektes Charming-Paar sein. Letztendlich bringt dich sowieso nur der innere Glanz so richtig zum Strahlen, sonst bleibst du eine leere Hülle.

Sei deine kreative Urzelle! Gestehe dir den Freiraum zu, der zu werden, der du wirklich bist! Du wirst staunen, wie wohl du dich damit fühlst. Anfangs ist es vielleicht etwas ungewohnt, dann aber fühlst du dich frei und leicht. Geh nicht unter in der Masse. Dein eigener Style unterstreicht deine Individualität. Das ist der erste Schritt zu einem selbstbestimmten Leben und zu so viel mehr Lebensfreude!

5

Runter vom Sofa, rein ins Leben!

Nur wer steht, tanzt scheiße

Nur wer steht, tanzt scheiße? Okay, der Spruch klingt ganz schön flapsig. Aber er stimmt. Oft beobachte ich, dass Leute wie festgetackert neben dem Dancefloor stehen und sich an ihrem Drink festhalten. Irgendetwas hält sie davon ab, sich ins Getümmel zu stürzen. Krampfhaft versuchen sie zwar, cool rüberzukommen, doch ich merke, dass sie wenig Spaß haben. Stumm beobachten sie die Tanzenden, und ich frage mich manchmal, was in solchen Menschen vorgeht. Warum halten sie sich zurück, statt sich dem Flow hinzugeben?

Wer dichtmacht, bleibt Zuschauer. Das gilt auch im übertragenen Sinne. Rumstehen und abwarten, dass irgendwas passiert, hindert dich daran, den Moment zu spüren. Klar, wer nichts macht, macht auch keine Fehler. Ein bisschen Mut gehört schon dazu, aus sich herauszugehen. Aber willst du wirklich ein Zaungast deines eigenen Lebens bleiben?

Du solltest immer im Hinterkopf behalten, wie kostbar jeder einzelne Tag ist – und dass er jeweils seine eigene Schönheit, sein eigenes Abenteuer bereithält. Auch ich musste diese Lektion erst lernen. Schon früher hatte ich gern getanzt, aber so richtig los ging es bei mir erst in einem Alter, in dem andere den Hackenporsche durch die Fußgängerzone ziehen. Es war ein trüber Sonntagmorgen, als mich zwei junge Mädchen in der U-Bahn ansprachen. Eine Weile hatten sie mich verstohlen gemustert und miteinander getuschelt. Dann fragten sie mich, ob ich Lust hätte, mit ins Berghain zu kommen. Sie fänden mich cool.

Wie bitte? Ins Berghain? Der Gedanke elektrisierte mich. Natürlich hatte ich von dem legendären Berliner Tanztempel gehört. Bisher hatte ich mich allerdings nie in solche angesagten Clubs getraut, weil ich mir eingeredet hatte, dass ich nicht dorthin passte. So ab vierzig glaubt man ja, man könnte nirgends mehr hingehen, weil alle viel jünger sind als man selbst. Ich hatte eine Schere im Kopf. Wenn die Leute mich dort sehen, so meine Befürchtung, denken die bestimmt: Oh Gott, was will denn der Alte hier? Der kriegt bestimmt gleich einen Herzkasper auf der Tanzfläche, und dann ist die Party vorbei.

Es war ein letzter Rest Schubladendenken: Ich befürchtete schlicht, nicht reingelassen zu werden. Genau, da war sie wieder, diese blöde Angst. Die schlimmste aller Blockaden. Aber jetzt bot sich die Gelegenheit, endlich das zu tun, worauf ich Lust hatte. Obwohl ich über siebzig war, fühlte ich mich noch nicht reif für Stuhltänze im Seniorenheim. Also beschloss ich spontan, die Gelegenheit beim Schopfe zu packen. Am Sonntagmorgen um elf. Warum nicht?

Na ja, ein bisschen unsicher war ich schon, als ich mit den beiden Mädchen auf das Berghain zuschritt, einen riesigen bunkerartigen Betonklotz. Hinter den Fenstern im oberen Stock zuckten Lichtblitze, vor dem Club hatte sich eine lange Schlange gebildet. Kein Wunder, die Türsteher dort gelten als die härtesten Berlins. Zu meiner größten Verblüffung reagierten sie total locker auf mich. »Hey, schön, dass du da bist und hier feierst!« Mit diesen Worten winkten sie mich durch.

Von dem Augenblick an, als wir das Berghain betraten, änderte sich alles. Auf einmal war ich in einem unbekannten, energetisch flirrenden Kosmos gefangen. Aufgeregt wie ein Kind an Weihnachten ließ ich mir von den beiden Mädchen die verschiedenen Dancefloors, Lounges und Bars zeigen. Alles war erlaubt, nur Fotografieren war verboten. Wie aufregend war das denn? Wummernde Bässe durchpulsten mich, alles war in Bewegung. Der Club riss mich hin. Er umarmte mich. Hunderte, vielleicht Tausend Menschen huldigten der Musik, selbstvergessen, voller Hingabe, und ich mittendrin in der Kathedrale des Tanzes. Der DJ schoss mich auf eine völlig neue Umlaufbahn. Die dröhnenden Beats trugen mich in höchste Höhen und lösten ein Feuerwerk euphorischer Gefühle in mir aus. Die Zeit verlor ihre Bedeutung. Jede Zelle meines Körpers vibrierte, ich war nur noch Rhythmus und Rausch.

Acht, neun Stunden blieb ich dort und tanzte mir die Seele aus dem Leib. Als ich abends nach Hause fuhr, fühlte ich mich nicht etwa erschöpft, sondern leicht und voller Energie. Wie ein Luftkissenboot schwebte ich zehn Zentimeter über der Erde. Plötzlich wusste ich: Tanzen ist meine Akkuaufladestation. Und es muss unbedingt House oder Techno sein. Beim Walzer dauert das zu lange …

Während in meinem Kopf die peitschenden Rhythmen nachdieselten, wurde mir bewusst, dass ich eine neue Intensität des Lebens kennengelernt hatte. Eine Intensität, die ich immer wieder spüren wollte: dass für Momente meine sämtlichen inneren Organe gefühlt an einen anderen Platz wirbelten. Seitdem tanze ich, sooft ich kann. Stundenlang! Ich brauche weder Alkohol noch Drogen, um mich zu dopen, weil mich das Leben und die Musik berauschen. Ich genieße die pulsierenden Beats, das ekstatische Gewühl der Tanzenden, das Gefühl der Lebendigkeit.

Einen guten Dancefloor macht aus, dass mit der Musik eine Geschichte erzählt wird, die ich mit meinen Tanzbewegungen weitererzähle. Manchmal entsteht dabei ein spielerischer Battle mit anderen Tänzern, und es bildet sich ein Kreis um uns. Dann spüre ich, dass mein Alter nur eine Zahl ist. Es gibt keine Ausgrenzung, keine Vorurteile. Dafür Gänsehaut pur. Es kann sogar passieren, dass mir vor lauter Glück die Tränen übers Gesicht laufen.

Also heißt es für mich immer wieder: ab durch die Hecke und rein in die Kathedralen der Lebensfreude, der Ekstase, der Lobpreisungen und Danksagungen an das Leben! Ich feiere die Gelegenheiten. Ich feiere den Moment. Wenn man sich traut, ins Leben zu springen, verblassen Vergangenheit und Zukunft, dann zählt nur das Hier und Jetzt. Und das ist gut so. Wir sind ja permanent beschäftigt mit dem, was war, und mit dem, was sein wird. Wir denken darüber nach, was gestern alles schiefgelaufen ist und was eventuell morgen schiefgehen könnte, welche Termine anstehen, was noch erledigt werden muss. Darüber vergessen wir leicht das Heute. Dabei kann jeder Tag ein Wundertütentag sein. Unverhofft kommt oft! Dann heißt es, den Moment zu erkennen und in die Wundertüte hineinzugreifen.

Leider haben wir oft festgefahrene Vorstellungen, was für uns passend ist und was nicht. Solche selbst gesetzten Schranken kenne ich nicht nur von meinem Berghain-Erlebnis. Vor Kurzem wurde ich gefragt, ob ich Lust hätte, zu einem ABBA-Revival-Konzert mitzukommen. Ähm, nö. Hatte ich nicht. Schließlich war ich nie wirklich ein ABBA-Fan gewesen. Was sollte ich also da? Doch dann merkte ich, dass ich mich selbst einschränkte. Wieso glaubte ich vorher zu wissen, was mich begeistern kann und was mich kaltlässt? Also sagte ich zu. Und dann geschah etwas, was mir fast peinlich war: Ich stellte fest, dass ich alle ABBA-Songs mitsingen konnte. Zum Schluss drehte ich wilde Pirouetten in der Konzerthalle und hatte ungeheuer viel Spaß.

Dieser Abend zeigte mir mal wieder, dass man sich auch auf neue Erfahrungen und Situationen einlassen sollte. Das Leben reicht uns täglich die Hand. Es will uns in unbekannte Sphären führen. Viel zu oft gehen wir jedoch an der ausgestreckten Hand vorbei, weil wir lieber auf den vertrauten Bahnen hängen bleiben und auf dem Sofa kleben. Für mich ist das keine Option mehr. Klar, manchmal denke ich: Alter, tickst du noch richtig? Auf der einen Seite bist du ein älterer Herr, auf der anderen Seite hast du die wilde Lebenslust eines Dreißigjährigen. Aber wenn mir dann Fünfundzwanzigjährige sagen, sie möchten im Alter so sein wie ich, und mir Komplimente für meine Energie machen, fühle ich mich bestärkt und freue mich, dass ich sogar eine Inspiration sein kann.

Welche besonderen Gelegenheiten, dich lebendig zu fühlen, hast du in letzter Zeit verpasst? Ich gebe dir mal ein paar Beispiele. Jemand lädt dich zu einem Picknick ein, aber du findest es höllisch unbequem, auf einer Wiese zu sitzen. Jemand will mit dir im Wald spazieren gehen, aber du denkst: Och nee, Bäume sind nicht so meins. Jemand bietet dir an, auf eine Kunstausstellung mitzukommen. Herrje, wie öde, winkst du ab. Und verpasst vielleicht den Spaß deines Lebens.

Welche besonderen Gelegenheiten,
dich lebendig zu fühlen,
hast du in letzter Zeit verpasst?

Vorbehalte sind menschlich, sie limitieren uns allerdings auch. Dann bauen wir einen Wall aus Bedenken vor uns auf, bis wir uns komplett zugeschaufelt haben. Wir alle haben einen Atomreaktor aus Energie in uns, eine wahre Schatzkiste der Lebensfreude. Doch die ist oft eingestaubt und zugemüllt von unseren Vorbehalten. Wenn meine Tochter früher die Musikanlage voll aufdrehte, sagte ich oft: »Kannst du das nicht mal etwas leiser stellen?« Seit ich aber selbst in die Musik eintauche, weiß ich: Hey, es muss knattern, und die Bässe müssen fett sein! Nur bei voll aufgedrehter Lautstärke werde ich lustvoll durcheinandergewirbelt und spüre die sagenhafte Kraft der Musik.

Solche Erlebnisse haben mich etwas gelehrt: Vorurteile verhindern die positiven Überraschungen, die uns das Leben so gern schenken möchte. Man muss neugierig bleiben, alles infrage stellen, auch mal Nebenwege gehen und den Leuten zuhören, die uns auf eine neue Spur bringen könnten. Manchmal erweist sich gerade ein Nebenweg als der Hauptweg zu deinem Ziel, dich besser zu spüren. Anstatt an deiner Selbstoptimierung zu arbeiten, versuch es doch mal auf eine andere Art – einfach zwischendurch etwas Neues ausprobieren und dann fühlen, was es mit dir macht.

Wenn das Wetter nicht so richtig mitspielt, kannst du zum Beispiel überlegen, ob du die Laufeinheit von zwei Stunden am Wochenende nicht in eine Tanzeinheit von acht Stunden umwandelst. Untertanzt sein ist nämlich mindestens so gefährlich wie unterzuckert sein. Dann heißt es: sofort reagieren. Runter vom Sofa, rein ins Leben! Geh tanzen! Da bist du im Trockenen, hast geile stampfende Beats, dampfende ekstatische Körper und glühende Gesichter um dich herum und eine Atmosphäre, die ihresgleichen sucht. Zwar in schlechter Luft, aber das gute Gefühl hebt das wieder auf. Du bist in euphorischer Stimmung, einfach nur glücklich. Noch Tage später wirst du an diese berauschende lustvolle Trainingseinheit denken und dir andauernd wünschen: Bitte mehr davon!

Du denkst, du bist zu alt oder zu unbeweglich oder zu ängstlich dafür? Glückwunsch, das ist die beste Voraussetzung für ein spaßbefreites Leben. Denk doch nicht immer an das, was andere von dir erwarten. Erinnere dich an deine Kindheit. Weißt du noch, wie oft du etwas Verrücktes gemacht hast? Wie viel Spaß du hattest, wie oft du lauthals gelacht hast? Kinder sind oft versunken im Glück, und das schon durch Kleinigkeiten, nicht etwa durch eine Riesenportion Eis oder eine Spielzeuglawine.

Ein bisschen Spaß muss sein, heißt es. Nein, sehr viel Spaß muss sein! Und den sollten eben nicht nur die Kinder haben. Es kann doch nicht nur ihnen vorbehalten sein, sich auszutoben, selbstvergessen zu spielen oder auch mal sinnfrei rumzualbern. Jedenfalls bin ich bei jeder sich mir bietenden Gelegenheit dabei. Ich balanciere auf einer Mauer, wenn ich Lust dazu habe, ich rolle mich einen Abhang hinunter oder hopse auf einem Trampolin. Ich spiele Mensch-ärgere-Dich-nicht, radele vergnügt durch die Gegend – und ja, ich albere auch herum. Nach Herzenslust. Das erzeugt auf Anhieb ein Gefühl in mir, wie ich es aus den glücklicheren Stunden meiner Kinderzeit kenne.

Ist das kindisch? Macht man das nicht als Erwachsener? Ziemt es sich nicht? Doch, es ziemt sich, wenn es aus deinem Herzen kommt und nach draußen spingt. Es ist auch kein kindischer, sondern ein kindlicher Spaß. Okay, wer sich immer nur kontrolliert, sieht das möglicherweise anders. Aber ich nehme mir die Freiheit, solche Freudendinge zu tun. Es macht mich glücklich und lässt mich lächeln. Es ist ein Schatz, den ich durch mein Leben trage – ein Schatz der unbeschwerten Kindlichkeit, eine Glücksquelle, die ich sprudeln lasse, weil sie unbeschwerte Momente erschafft.

Es überrascht mich immer wieder, wie sich das weiße Blatt Papier des Morgens mit Erlebnissen füllt und sich bis zum Abend in ein buntes Bilderbuch verwandelt – wenn man diese unbeschwerten Momente geschehen lässt.

Das Leben ist kein Stillstand. Es besteht aus Veränderungen, weil die Veränderung der Motor unseres Seins ist. Wieso sollte das in einem bestimmten Alter aufhören? Ich bin jetzt Mitte siebzig, aber ich frage mich immer noch aufs Neue: Wer bin ich? Wofür brenne ich? Was sind meine Sehnsüchte, worauf habe ich Bock? Oft frage ich mich auch: Was ist meine Botschaft? Was will ich den Menschen sagen, was will ich ihnen geben?

Wenn mir junge Leute sagen, dass ich eine Inspiration für sie bin, macht mich das schon etwas stolz. Rein ins Leben heißt nämlich auch: Ich genieße Begegnungen und möchte gern ein Geschenk für die Menschen sein, die ich treffe. Auch das Leben ist ein Geschenk. Du darfst es täglich aufs Neue auspacken. Tanz mal darüber nach.

6

Steh zu deinen Gefühlen

Wie ich ein schwuler Vater wurde

Jeder kennt Gefühle wie Freude und Schmerz, jeder hat schon Eifersucht durchlebt, Trauer, Liebe und all die anderen Gefühlsfacetten, die so unendlich sind wie das Universum. Wir haben alle eine riesige Emotionswundertüte in uns. Aber öffnen wir sie auch? Darüber unterhielt ich mich neulich auf einer Vernissage mit einer jungen Frau. Sie war mir aufgefallen, weil sie ganz allein etwas abseitsstand. Deshalb lächelte ich ihr zu.

»Du wirkst immer super entspannt«, sagte sie, während sie zurücklächelte.

»Bin ich ja auch.« Komisch. Auf einmal brachte mich meine eigene Antwort ins Grübeln. »Das heißt aber nicht, dass ich nicht auch mal melancholische Tage habe.«

»Echt jetzt?« Sie runzelte die Stirn. »Na ja, man muss nicht immer alles zeigen, was einen bewegt.«

War das wirklich so? Fragend schaute ich sie an.

»Man kommt halt besser klar, wenn man seine Gefühle unterm Deckel hält«, sagte sie mit Nachdruck. »Alle haben doch mehr oder weniger Masken auf …«

Ich schaute mich um. Plaudernd und lächelnd standen die

Gäste vor den Bildern. Plötzlich schoss mir die Frage durch den Kopf, wie sie sich wohl wirklich fühlten. Vielleicht hatte der eine oder andere heute schon eine Enttäuschung erlebt? Oder Ärger am Arbeitsplatz? Oder jemand plagte sich mit Liebeskummer? Wenn es so war, ließ es sich jedenfalls keiner anmerken.

»Du hast recht«, wandte ich mich wieder an die junge Frau. »Die meisten Leute tragen wahrscheinlich Masken. Das ist okay, aber man sollte sie nicht rund um die Uhr tragen. Das ist einfach nicht authentisch.«

»Kann schon sein«, sagte sie. »Ich würde aber zum Beispiel nie meinen Freund auf so eine Vernissage mitnehmen. Klar, ich liebe ihn, doch der passt hier nicht rein.«

»Das heißt, du versteckst deine Gefühle für ihn?«

»Nee.« Gedankenverloren knabberte sie auf ihrer Unterlippe herum. »Doch.«

Wir sprachen noch länger über das Thema. Es war hochinteressant. Gefühle sind ein Teil unserer Identität, aber wir tun oft so, als wären sie blinde Passagiere, die sich in unserem Herzen eingenistet hätten. Wir trauen unseren eigenen Gefühlen nicht und behandeln sie wie unerwünschte Eindringlinge. Warum? Weil man uns beibringt, dass die meisten unpassend sind. Du liebst den Falschen, heißt es zum Beispiel. Oder: Sei doch nicht traurig. Und wer hätte nicht schon mal gehört: Deine Eifersucht ist total lächerlich, reiß dich gefälligst mal zusammen! Also verdrängen wir viele Emotionen und schämen uns, dass wir sie überhaupt haben.

Ich kenne das zur Genüge. Schon als Kind merkte ich, dass meine Gefühle unerwünscht waren. Wer verstand schon, dass ich meine Margeritenwiese liebte? Wen interessierte, dass ich oft verzweifelt war? Wen kümmerten meine Ängste, wenn ich mich vor den Bestrafungen meiner Eltern fürchtete? Fühlen war immer sanktioniert. Es wurde entweder belächelt oder abgelehnt. Ich sollte funktionieren, meine Empfindungen störten da nur. Früh lautete meine Devise: Behalt's für dich, und schluck's runter. Für deine Gefühle ist kein Platz in dieser Welt. Daraus schloss ich, wen wundert's: Für *dich* ist kein Platz in dieser Welt. Nicht nur deine Gefühle sind unerwünscht, auch *du* bist es!

Mit diesem niederschmetternden Selbstbild bin ich als junger Mann herumgeschlichen. Ich war voller Emotionen, aber sie hatten keine Adresse, sie wurden nicht verstanden. Doch es ist gefährlich, sich zu verpanzern. Irgendwann brodeln die Gefühle so heftig, bis sie explodieren. Oder die verleugneten Gefühle fressen einen von innen auf; dann erstarrt man zur leeren Hülle und verliert jede Lebendigkeit. Heute nennt man so was Gefühlsmanagement, manchmal auch emotionale Selbstkontrolle, was sich mindestens genauso furchtbar anhört.

Welcher Emotions-Typ bist du? Zeigst du deine Gefühle, oder hast du sie tief in dir weggeschlossen? Vielleicht bist du ja auch der Typus, der regelmäßig mit einem Riesengetöse explodiert? Dann sag ich dir was: Es gibt keine falschen Gefühle. Sie sind immer echt. Sie gehören zu dir, sie wollen angeschaut und gelebt werden, die Trauer genauso wie der glückliche Überschwang. Deshalb solltest du nicht nur zu deiner Persönlichkeit stehen, sondern auch zu deinen Gefühlen. Du fürchtest, du gehst anderen damit auf den Wecker? Gut möglich. Aber wenn du merkst, dass andere deine Emotionen nicht respektieren oder dich sogar dafür auslachen, dann verbringst du dein Leben wohl mit den falschen Menschen.

Drück nichts weg. Nimm deine Gefühle ernst, auch die negativen. Sie sind ein wichtiges Warnsignal. Ich habe eine spannende Erfahrung gemacht: Sobald du den negativen Emotionen Raum gibst und dich fragst, warum sie da sind, kannst du etwas ändern. Trauer und Melancholie, sogar Hass und Neid sind wie große blinkende Alarmlampen: Achtung, Baustelle! Hier muss dringend was verändert werden! Stell dich dieser Aufgabe. Anschließend kannst du dich mit deiner ganzen Energie auf deine positiven Gefühle konzentrieren.

Besonders kompliziert wird es natürlich beim Thema Liebe. Bei mir war das lange eine Riesenbaustelle. Als Jugendlicher hatte ich nur nebulöse Vorstellungen von der Liebe, über Sexualität wusste ich so gut wie gar nichts. Ich wuchs in einer schrecklich verklemmten Zeit auf. Wenn ich von meiner Mutter zum Einkaufen in die Drogerie Siegmüller in der Bahnhofsstraße geschickt wurde, wusste ich gar nicht, was los war. »Einmal für die Dame«, sagte ich. Dann holte der Drogist mit ernster Miene eine Packung aus dem Regal. Schweigend wickelte er sie in Packpapier ein, damit bloß keiner mitbekam, was er da Peinliches verkaufte. Erst sehr viel später erfuhr ich, dass es sich um Camelia-Damenbinden gehandelt hatte.

Draußen an der Hauswand der Drogerie hing ein geheimnisvoller Automat. Ich vermutete etwas Hochunanständiges darin, was mir als neugierigem Jungen natürlich keine Ruhe ließ. Doch erst mit sechzehn ergründete ich das Geheimnis. Für meine Kochlehre musste ich immer in aller Frühe von Letter, meinem Heimatdorf, mit dem Zug nach Hannover fahren. Es war ein Sonntagmorgen und kein Mensch auf der Straße, da schlich ich mich auf den Hof zu dem Automaten. Meine Hände zitterten, als ich die Münzen in den Geldschlitz steckte. Auf der Zugtoilette öffnete ich dann die kleine Schachtel. Was herauskam, waren Tampons. Ich hatte keinen Schimmer, wozu sie gut sein sollten.

Später gab es einige Liebeleien mit Mädchen. Meinen ersten Zungenkuss verpasste mir Hildegard aus Hannover-Linden, die mollige Tochter eines Gastwirtpaars, bei dem ich in der Küche aushalf. So erlebte ich meinen ersten heißen Zungenkuss im Kühlhaus der Gaststätte. Die große Liebe begegnete mir jedoch zum ersten Mal in Berlin.

Als ich in den 1960er-Jahren dort landete, hatte ich die Stadt nur als Warteschleife eingeplant. Nach meiner Kochlehre war ich einige Zeit kreuz und quer durch Österreich, die Schweiz und Westdeutschland gezogen, hatte mal hier, mal da in Restaurants und Ausflugslokalen gearbeitet. Jetzt überfiel mich das Fernweh. Ich wollte als Schiffskoch anheuern und über den großen Ozean schippern, deshalb hatte ich mich bei der Hamburg-Amerika-Linie beworben. Doch dann entdeckte ich eine irre spannende Stadt voller Widersprüche: glitzernd und kaputt, miefig und studentenbewegt, spießig und anarchisch. Hier machte jeder seins. Alle fanden ihre Nische, vom Rentner über den Wehrdienstverweigerer bis zum schrägen Vogel. Es war Liebe auf den ersten Blick.

Schnell fand ich eine Stelle in einem Restaurant, und – mindestens genauso wichtig – ich fand Freunde, die mein Faible für einen ungewöhnlichen Lebens- und Kleidungsstil teilten. Frei nach dem Motto: »Langweilig gibt's schon« entwickelte ich eine ungeheure Lust auf Dinge, die zu mir gehörten. Welche Dinge das waren, wusste ich nie, bevor sie mir begegneten.

Irgendwann begegnete mir Heidi. Eine tolle Frau, sprühend vor Schalk, lebhaft, gertenschlank. Ich war schockverliebt, sie auch, und wir wurden schnell ein Paar. Es harmonierte einfach zwischen uns, sicherlich auch, weil wir beide eine schwierige Kindheit gehabt hatten. Heidi war nach der Scheidung ihrer Eltern erst zu ihrer Oma gekommen und dann, weil es Probleme gab, freiwillig in ein Heim gegangen. Zu ihrem Vater und seiner neuen Frau wollte sie nicht. So trafen sich zwei verlorene Seelen, die sich gegenseitig auffangen konnten. Wir wurden Rettungsringe füreinander.

Es dauerte nicht lange, und ich konnte Heidi für meinen besonderen Kleidungsstil begeistern. Unter anderem ermutigte ich sie, extravagante Kleider im Zwanzigerjahre-Stil zu tragen. Da sie nähen gelernt hatte, machte sie vieles selber. Stundenlang stöberten wir bei Trödlern und hoben echte Schätze, die wir dann zu Hause zu eigenwilligen Outfits umarbeiteten. Ich erinnere mich noch, wie wir einmal am FKK-Strand am Halensee saßen und rosa Flamingos auf alte schwarze Herrenwesten stickten. Vorzugsweise trug ich damals Skihosen aus den Zwanzigerjahren, dazu Wanderstiefel und Regenmäntel aus den Vierzigern. Ich sah immer ein bisschen aus wie ein Spätheimkehrer.

Als mir Heidi nach wenigen Wochen eröffnete, sie sei im dritten Monat schwanger, war ich erst mal baff. Man musste nicht Mathematik studiert haben, um zu wissen, dass das Kind nicht von mir sein konnte. Na und? Für mich war das kein Problem. Ich liebte sie, also würde ich auch das Kind lieben und mit ihr großziehen. Irgendwie würden wir das schon schaffen. Ich war vierundzwanzig, ich hatte einen guten Job als Koch, also stand einer Familiengründung nichts im Wege. Im Dezember 1969, zwei Tage vor Heiligabend, kam Valesca zur Welt. Im April 1970 heirateten Heidi und ich, im selben Jahr adoptierte ich Valesca ganz offiziell. Da

Heidi noch studierte, um Sozialpädagogin zu werden, entschieden wir, dass wir uns die Kinderbetreuung teilen würden. Das war damals noch sehr ungewöhnlich – zwar nicht in unseren Studentencliquen, aber in der normalen Gesellschaft.

Voller Enthusiasmus stürzte ich mich ins Vatersein. Allerdings achtete ich darauf, dass unsere Beziehung nicht zu kurz kam. Wir glaubten an die freie Liebe und waren sexuell ziemlich experimentierfreudig. Ab und an gab es natürlich auch nächtelange Partys. Kinder? Kein Problem. Die pennten auf den Mäntelbergen im Schlafzimmer, morgens um drei nahmen wir sie wieder mit nach Hause. Heute sehe ich oft diese kinderfixierten Mütter und Väter, und dann denke ich: Leute, macht euch mal locker! Ihr sollt eure Kinder lieben, klar, aber ihr müsst doch nicht alles dafür aufgeben!

Glückliche, erfüllte Menschen können die besseren Eltern sein, davon war ich überzeugt. Ich sah ja, wie sich Paare veränderten, wenn Kinder kamen. Menschen, die mal wild aufeinander gewesen waren, definierten sich nur noch als Mama und Papa. So wollten wir nicht werden. Wir wollten anders sein! Der Wind des Aufbruchs wehte durch Westberlin. Demos und Sit-ins der rebellierenden Studenten würfelten die alte Ordnung durcheinander, illegale Kneipen und Clubs quartierten sich in leer stehenden Häusern ein. Man wollte sich ausprobieren, das Bewusstsein erweitern.

Durch die 1968er-Bewegung waren wir alle politisiert. Wir wollten die Welt verändern und eine lebenswerte Gesellschaft erschaffen. Ich engagierte mich in der Jugendarbeit, in der Altenarbeit, außerdem machte ich bei einer Laienspielgruppe mit. Ein Riesenspaß. Das Theaterspielen war eine Art Selbsterfahrung für mich, eine weitere Gelegenheit, mich in verschiedenen Facetten auszuprobieren. Auch Reinhold gehörte zu unserer bunten Truppe. Oft unterhielten wir uns nach den Proben, manchmal kam er zu uns nach Hause, wo wir weiter über Gott und die Welt redeten.

Auch an jenem schicksalhaften Abend. Heidi war mit unserer Tochter zu einer Freundin gefahren, ganz entspannt tranken Reinhold und ich ein Bier auf der Couch und diskutierten über unsere nächste Aufführung. Alles war wie immer. Nein, irgendwas war seltsam. Während wir sprachen, wurde mir auf einmal siedend heiß. Eine ungeheure Spannung baute sich auf. Völlig verwirrt merkte ich plötzlich, dass die Luft zwischen uns brannte, obwohl ich nie ein erotisches Interesse an Männern gehabt hatte. Es gab nur Frauen in meinem Liebeskosmos – warum also diese Hitze, die mir den Atem nahm?

Irgendwann im Laufe dieses Abends landeten wir im Ehebett. Wahnsinn! Es war eine Offenbarung für mich, obwohl ich gar nicht wusste, wie mir geschah. Wir liebten uns zärtlich, leidenschaftlich, wild. Bis am nächsten Morgen die Tür aufging und völlig überraschend Heidi im Schlafzimmer stand. Der Super-GAU, angefüllt mit Scham und Verzweiflung. Ich hätte im Erdboden versinken können und zitterte am ganzen Leib. Wie vom Schlag getroffen starrte Heidi uns an. Es war einfach nur grauenvoll. Freie Liebe hin oder her, mit einem Mann ins Bett gehen gehörte nicht dazu.

Für meine Frau und mich war das eine Katastrophe. Die folgenden Monate wurden die schrecklichsten unseres Lebens. Ich wusste gar nicht, wohin mit meinen Schuldgefühlen. Nach zehn Jahren zerbrach meine Ehe, und ich litt wie ein Hund bei dem Gedanken, dass ich meine kleine Familienidylle zerstört hatte. Ich war vierunddreißig und stand vor einem Scherbenhaufen.

Zunächst wohnte Valesca bei ihrer Mutter, nach einem knappen Jahr entschied sie, dass sie bei mir leben wollte. Ich rechne Heidi hoch an, dass sie dem Wunsch unserer zehnjährigen Tochter zustimmte. Allerdings erntete sie damit in ihrem Umfeld empörtes Unverständnis. Vor allem Heidis Familie lief Amok. Meine Schwiegermutter drohte Heidi sogar mit dem Jugendamt, falls sie Valesca »diesem Schwulen« überließ. Doch Heidi verhielt sich großartig. Trotz ihrer Verletztheit stand sie zu mir, wofür ich ihr noch heute dankbar bin.

Zusammen mit meiner Tochter zog ich in eine Altbauwohnung, die ich eigentlich für unsere kleine Familie renoviert hatte: vier Zimmer in Moabit, mit tollem Stuck an der Decke. Mein Schwiegervater hatte mir sogar noch geholfen, die Speckfalten der kleinen musizierenden Putten im Stuck freizulegen. Nun zog ich als alleinerziehender Vater dort ein und sorgte allein für unser Kind, wie das heute Millionen Frauen tun, ohne dass jemand groß danach fragt, wie sie das eigentlich hinkriegen. Auch beruflich hatte meine neue Rolle Konsequenzen. Um nachmittags und abends genügend Zeit für meine Tochter zu haben, kündigte ich meinen Restaurantjob und nahm eine Stelle als Koch in einem Seniorenstift an.

Geregelte Arbeitszeiten, weniger Kreativität, das störte mich nicht. Viel wichtiger war doch, dass Valesca und ich viel Zeit miteinander verbringen konnten. Unsere Bindung war so eng, dass sie sogar darauf bestand, ich solle sie nach ihrer Menarche zum ersten Frauenarztbesuch begleiten. Die Gynäkologin schaute etwas irritiert drein. Auch ich war irritiert.

Ich hatte Valesca vorgeschlagen, dass ihre Mutter mitkommen sollte, doch sie wollte unbedingt, dass ich dabei war.

Gemeinsam gingen wir durch dick und dünn. Und das Tolle war: Valescas Mitschüler wussten alle über meine neue sexuelle Orientierung Bescheid. Die meisten Kinder fanden es sogar cool, dass Valesca einen schwulen Vater hatte. Wenn aber jemand eine blöde Bemerkung darüber machte oder Schwulenwitze riss, war sie die eifrigste Kämpferin für die Rechte Homosexueller. Sie ging genauso offen mit dem Thema um wie ich, und das erleichterte mich immens.

Langsam, ganz langsam verflüchtigten sich meine Schuldgefühle. Okay, du bist schwul, sagte ich mir, du hast dir das nicht ausgesucht, doch es ist halt so. *Du liebst Männer, das gehört zu dir, also akzeptiere es.* Auch wenn ich Angst vor feindseligen Reaktionen hatte, beschloss ich, offen mit meiner sexuellen Orientierung umzugehen. Ich wollte nicht mit falscher Scham unterwegs sein. Obwohl in den 1980er-Jahren noch jede Menge Vorurteile kursierten, wollte ich mich nicht verstecken müssen. Es war einfach der richtige Weg, das spürte ich. Ja, ich traute meinen Gefühlen!

Heute muss ich sagen: Meine Offenheit wurde honoriert. Ich wurde nie für mein Schwulsein angefeindet, legte aber auch großen Wert darauf, als ganzer Mensch wahrgenommen zu werden. Schwulsein war ja nur ein Teil meiner Identität. Da war noch so viel mehr in mir, ein bunter Riesenstrauß von Emotionen. Raus damit! sagte ich mir. Nach meinem schwierigen Coming-out hatte ich vor gar nichts mehr Angst. Als ich diese Mutprobe bestanden hatte, entdeckte ich die innere Freiheit, alle, wirklich alle meine Gefühle zu respektieren und auszuleben. Ich traute ihnen. Ich nahm sie wichtig.

Durch meine Selbstakzeptanz hatte ich gelernt, dass es keine falschen Gefühle gibt.

Unsere Gedanken können uns täuschen, aber unsere Gefühle sind immer authentisch. Wie befreiend gelebte emotionale Authentizität ist, spüre ich mit jedem Lebensjahr stärker. Ich drücke gar nichts mehr weg, und genau das verleiht meinem Leben diese einzigartige Intensität. Es gibt Tage, da sind meine Arme zu kurz, um die Welt zu umarmen, und dann tummeln sich die widersprüchlichsten Emotionen in mir: die Liebe neben der Abneigung, die Heiterkeit neben der Melancholie, die Sympathie neben der Abwehr, die Hoffnung neben der Verzweiflung, die Trauer neben dem Frohsinn. Ich könnte irritiert sein, dass ich mit derart vielen Gegensätzen angefüllt bin und sie alle in mir beherberge. Aber inzwischen weiß ich, dass ich selbst die Vielfalt bin und dass ich alles, was in mir ist, auch so ausleben darf.

Und das Wunderbare ist: Da ich die negativen Gefühle zulasse und nach den Gründen frage, kann ich mich umso besser auf die positiven Emotionen fokussieren. Wenn man um die Trauer weiß, lebt man die Freude umso überschwänglicher aus. Wenn man dem Liebeskummer Raum lässt, genießt man die wahre Liebe umso intensiver.

Nach all diesen Erfahrungen kann ich dir nur raten: Lass deine Gefühle von der Leine! Öffne den Deckel der strahlenden Schatztruhe in dir. Lass die Liebe, die Geduld, das Verzeihen, die Freude, die Bescheidenheit, das Glück, die Achtsamkeit frei und gestatte den Menschen einen Blick in dein Herz. Dann können wir untereinander all diese wunderschönen Dinge austauschen und feststellen: Jeder hat eine Schatztruhe in sich, die mit diesen Wunderdingen angefüllt ist. Wenn wir den Inhalt verschwenderisch austeilen, können wir von innen nach außen die Welt erstrahlen lassen.

Für alle, die den Deckel ihrer inneren Schatztruhe nicht aufbekommen, habe ich eine Empfehlung: Die Liebe knackt selbst das stärkste Schloss. Liebe dich selbst für das, was du bist. Liebe die anderen, auch wenn du nicht alles an ihnen magst. Betrachte sie mit den Augen der Liebe, wecke das Gute in ihnen, damit auch sie ihre innere Schatzkiste öffnen können. Vor allem aber: Liebe, wen du willst, was du willst, liebe, wie du willst! Du bist nie zu alt, um dich in Gefühlsstürme zu stürzen. Du bist nie zu erfahren, um dich komplett leichtsinnig zu verlieben, mit allen Risiken und Nebenwirkungen. Du wirst nie zu alt sein für die große Emotionswundertüte.

Liebe, wen du willst, was du willst,
liebe, wie du willst!

Der beste Kompass, mit dem du durchs Leben schippern kannst, sind deine Gefühle. Trau ihnen, weil sie dir zeigen, was nicht in Ordnung ist. Trau ihnen auch, weil sie deinen Blick öffnen für das, was gut für dich ist. Ich vergleiche das manchmal mit meinem Faible für Kleidung: Ich habe Lust auf Dinge, die zu mir gehören, aber was das ist, weiß ich erst, wenn es mir begegnet. Genauso ist es mit Menschen: Du weißt erst, wer dir guttut, wenn du diesem Menschen begegnest und wenn er in dir die schönsten, beglückendsten Gefühle auslöst. Wenn du das spürst, steh dazu, ohne Wenn und Aber!

7

Gute Laune ist kein Zufall

Lass dich bloß nicht runterziehen!

Ein sehr spezielles Gefühl habe ich bislang weggelassen: die gute Laune. Und das hat einen Grund. Denn unsere Laune ist letztlich gar kein Gefühl, sondern eine Stimmung, die wir beeinflussen können. Ja, wir können uns sogar *vornehmen*, gute Laune zu haben! Niemand ist dazu verdammt, miesepetrig durchs Leben zu latschen. Dennoch tun es gefühlt neunzig Prozent aller Menschen, die mir tagtäglich begegnen. Missmutig hocken sie in der U-Bahn, genervt stehen sie in der Supermarktschlange, zu Hause meckern sie wahrscheinlich auch noch ihre Liebsten an. Ein Grauschleier schlechter Stimmung liegt über den Leuten, ganz so, als sei ihnen eine ganze Läuseinvasion über die Leber gelaufen.

»Also, du hast ja wohl immer gute Laune!« – diesen Satz höre ich oft. Manchmal höre ich auch einen leisen Vorwurf in dieser Feststellung: Hey, wie kann man nur all das Schlimme ignorieren! Mach doch mal die Augen auf: Kriege, Terror, Gewalt, Umweltverschmutzung – Missstände allüberall. Aber du tanzt mit einem Lächeln auf den Lippen durch die Welt? Bist du so unreflektiert, oder tust du nur so?

Um es gleich vorwegzunehmen: Ja, ich sehe die negativen

Dinge. Und nein, ich lächele sie nicht einfach weg. Vielmehr informiere ich mich täglich über Konflikte und Krisen, in der Zeitung, im Netz, und wenn es mir nötig und möglich erscheint, erhebe ich auch meine Stimme gegen Missstände. Ein kritisches Bewusstsein wird mir niemand absprechen, der mich näher kennt. Auch für die Probleme in meinem persönlichen Umkreis habe ich ein waches Auge. Die Frage ist nur, wie man damit umgeht.

Vor ein paar Wochen fuhr ich mal wieder mit der U-Bahn und beobachtete die Menschen um mich herum. Die meisten starrten trübsinnig vor sich hin oder daddelten auf ihrem Handy herum. Ich wusste, dass ich auffiel. Wegen meiner eleganten Kleidung, wegen meiner guten Laune – und wegen eines ganz besonderen Accessoires. Am Morgen hatte ich im Hinterhof meiner Kreuzberger Wohnung eine hellrote Kamelie gepflückt und mir ans Revers gesteckt.

»Wow, mit Blume unterwegs?«, grinste ein junger Typ, der mir im U-Bahn-Waggon gegenübersaß.

»Ja, gefällt sie dir?«, fragte ich zurück.

»Nice.« Sein Blick glitt über meinen kobaltblauen Lieblingsanzug und blieb wieder an der Kamelie hängen. »Hast du was Besonderes vor?«

»Kann man so sagen. Jeder Tag ist etwas Besonderes für mich. Heute feiere ich ihn mit dieser Blüte.«

»Du bist echt krass drauf.« Er schüttelte den Kopf. »Wieso machst du das?«

»Ich wollte mir und den Menschen, die mich heute sehen, eine Freude bereiten«, erklärte ich. »Mit der Blume und mit meinem Lächeln. Das ist eine meiner Lebensdevisen: Was immer ihr vorhabt, was immer ihr tut, vergesst nicht, euer

Lächeln mit nach draußen zu nehmen und unter die Leute zu verteilen, dann haben alle was davon.«

Ihm blieb fast der Mund offen stehen. Dann musste er unwillkürlich lächeln.

»Siehst du, es hat funktioniert«, sagte ich vergnügt.

Als der junge Typ an der nächsten Station ausstieg, lächelte er immer noch. Der Funke war übergesprungen, wir hatten uns gegenseitig einen kleinen Glücksmoment geschenkt.

Gut drauf sein ist genauso eine Entscheidung wie glücklich sein. Ob du morgens mit guter oder mieser Laune aus dem Haus gehst, liegt ganz allein in deiner Verantwortung. Wenn du deine Stimmung aber von den tausend kleinen Dingen abhängig machst, die passieren können, bist du genau das: abhängig. Eine Marionette, die genauso zappelt, wie der blöde Zufall es will. Ein Regenguss, und deine Stimmung ist im Eimer? Du hast den Bus verpasst, und schon muffelst du alle an? Dann lässt du dir von außen diktieren, wie du dich fühlst. Eines kann ich dir versprechen: Wenn du so drauf bist, ist das die perfekte Anleitung für dauerhaft schlechte Laune und eine miese Lebensqualität.

Gut drauf sein ist genauso eine Entscheidung wie glücklich sein.

Oft höre ich beim Thema Ärger: »Sorry, ich reagiere nun mal so, ich kann nicht anders.« Doch solche Reaktionen sind kein unabänderlicher Automatismus. Sie sind nur erlernt und können deshalb auch verändert werden. Es ist kein Grundgesetz, dass man sich über alles und jedes ärgern muss. Sicher, es gibt Dinge, die mir auf den Senkel gehen, aber dann sage ich mir: Ja, okay, diese Dinge sind da, also setze ich ihnen etwas entgegen. Das nenne ich den »schnellen Brüter« in mir: Ich beschäftige mich nur ganz kurz mit dem Alltagsärger, brüte ihn quasi in Rekordzeit aus, danach richte ich meinen Blick sofort wieder auf die erfreulichen Dinge. Es wird viel zu wenig aus dieser Quelle geschöpft, dabei kann jeder diesen Abwehrmechanismus in sich aktivieren.

Lass dich nicht vom Alltag runterziehen. Jeder muss vieles tun und erledigen, auch ich. Früher fühlte sich das an wie ein prall gefüllter schwerer Rucksack, der auf meinen Schultern lastete und den ich niedergedrückt durch die Woche schleppte. Der Rucksack voller Pflichten drückte auch auf meine Freude und meine Energie. Wenn man dann noch jammert, bedeutet das: freie Fahrt in die Negativspirale. Lamentieren nützt nämlich gar nichts. Im Gegenteil: Man steigert sich nur noch mehr in das schlechte Gefühl hinein.

Heute reagiere ich ganz anders auf die Herausforderungen des Alltags. Ich steige aus. Das heißt, ich richte nicht mehr den Blick auf das große Ganze der gesamten Woche oder des gesamten Monats, nein, ich schaue nur noch auf das kleine Ganze des einzelnen Tages. Durch diesen Perspektivwechsel ist mein Gefühl der Überlastung entschieden kleiner geworden. Ich bleibe immer im Moment, in der Stunde, im Tag und tue alles mit einem achtsamen Blick. Was das bedeutet?

Als kleiner Junge habe ich oft Mark Twain gelesen, am liebsten die Geschichten von Tom Sawyer und Huckleberry Finn. In einer Geschichte wird Tom Sawyer dazu verdonnert, einen Zaun zu streichen. Er ist ziemlich sauer, weil er viel lieber mit seinen Freunden spielen würde. Zu allem Überfluss kommen die anderen Jungs nun auch noch anspaziert und ärgern ihn. »Ach, du Armer, du musst den Zaun streichen?«

Daraufhin macht Tom Sawyer etwas Großartiges: Er tut so, als sei es ein riesiger Spaß. Die Hänseleien seiner Freunde überhört er. Mit aller Liebe streicht er den Zaun, bis einer der Jungs fragt: »Darf ich auch mal?«

»Auf keinen Fall«, antwortet Tom Sawyer, »das darf nur ich.« Mittlerweile macht es ihm sogar wirklich Spaß, weil er sich so in die Aufgabe reinkniet. Am Ende der Geschichte stehen seine Freunde Schlange, und Tom Sawyer knöpft ihnen Geld dafür ab, dass sie auch mal kurz den Zaun streichen dürfen. Genial, oder?

Es ist eine tolle Story. Eine Geschichte über den Perspektivwechsel. Wenn du schon vorher stöhnst, dass du irgendetwas tun musst, quälst du dich damit ab. Aber wenn du sagst: Hey, ich erledige das so gut wie möglich, mit all meiner Leidenschaft, verliert es seinen Schrecken und macht sogar Spaß. Das meine ich mit Achtsamkeit. Sich auf die Dinge konzentrieren, die getan werden müssen, und ihnen dann Freude abgewinnen.

Nur du selbst bestimmst, wie du auf etwas blickst: ob du es als bedrückend empfindest, ob du es an dir abperlen lässt oder dir sogar einen Spaß daraus machst. Es gibt immer Spielräume für die Tagesgestaltung, um die kleinen erfüllten Momente zu kreieren. Zum Beispiel gehe ich lächelnd in den Supermarkt, eine Wurstverkäuferin lächelt zurück, und schon haben wir einen guten Moment erschaffen. Würde ich mir die Stresskappe aufsetzen und ihr signalisieren: Hey, mach mal schneller, könnte kein gutes Gefühl entstehen. Meine miese Laune und ihre miese Laune würden uns beiden den Tag verderben. Leider ist das menschliche WLAN-Netz verkümmert, diese drahtlose Verbindung zwischen den Menschen, die eine Quelle der Lebensfreude sein könnte. Meist nehmen sie sich gegenseitig gar nicht wahr. Jeder ist nur mit sich selbst oder mit seinem Smartphone beschäftigt. Das Gegenmittel heißt: Such den Kontakt, und mach was Schönes draus!

Sogar im Supermarkt kannst du deinen Spaß haben. Leute beobachten, zum Beispiel, die kurzweiligste aller Beschäftigungen. Wenn vor dir ein Kunde an der Kasse rumtrödelt und endlos in seinem Portemonnaie kramt, hast du zwei Optionen. Entweder bist du genervt. Oder du sagst dir: Gut, es kostet mich jetzt vielleicht drei Minuten mehr, dafür habe ich ein wunderbares Schauspiel, das ich ohne Aggression beobachten kann. Anschließend sagst du der Kassiererin ein paar freundliche Worte und bekommst einen lustigen Spruch zurück. Schon wird aus der lästigen Warterei ein positives Erlebnis.

Heute kann ich das alles anwenden. Selbst im Korsett der Verpflichtungen gibt es für mich Glück und gute Laune – hausgemacht sozusagen. Denn auch Verpflichtungen gehören zum Leben, und es wäre schade, jene Tage nicht zu schätzen, in denen Wäschewaschen, Fensterputzen, Behördengänge oder die Steuererklärung anstehen. Ich freue mich, dass ich so viele unterschiedliche Dinge tun darf. Ich empfinde sie auch nicht mehr als ein ewiges Zuviel, weil sich ganz einfach mein Blick darauf geändert hat. Was auch immer auf der Agenda steht, ich erledige es mit der nötigen Dosis Freude und Gelassenheit. Das ist der ganz normale Wahnsinn des Alltagsglücks. Es wäre falsch, sich »einzufrieren« und auf die Highlights zu warten. Der Alltag ist nicht nur Pflicht und Last. Gerade dort sollten Augenblicke der Freude entstehen, die kleinen Fluchten, die Träumereien.

Du sitzt im Bürgeramt und ärgerst dich, weil es so lange dauert? Beobachte die Wartenden und überlege dir, welche Berufe sie wohl haben. Oder stell dir vor, wie sie als Kinder ausgesehen haben. Plötzlich wird aus der scheinbar vergeudeten Zeit eine spannende Soap. Du hasst es, Fenster zu putzen? Stell dir bei jeder Wischbewegung vor, wie du den Grauschleier von deiner Seele putzt, damit du die Schönheit der Welt wieder wahrnehmen kannst. Oder freu dich ganz einfach darüber, dass du überhaupt Fenster und eine Wohnung hast – Millionen Menschen auf der Welt können diesen Luxus nicht genießen. Also sei dankbar dafür, denn Dankbarkeit trägt sofort zu einem guten Lebensgefühl bei.

Ein positives Grundgefühl ist das beste Rüstzeug für die vielen Unzulänglichkeiten des Alltags. Klar, es gibt sicher vieles, was dich verdrießlich stimmen könnte. Doch du, wirklich nur du selbst bist der Chef deiner Gedanken. Es ist natürlich völlig okay, wenn du auch mal schlecht drauf bist, aber gib Verstimmungen und Verärgerungen nicht unnötig viel Raum. Lass nicht zu, dass dich negative Stimmungen beherrschen, denn nur du bestimmst, ob du sie wachsen lässt. Das ist wie in dieser alten indianischen Geschichte. Darin erzählt eine Großmutter ihrem Enkel, dass jeder Mensch einen weißen und einen schwarzen Wolf in sich hat, die miteinander kämpfen. »Und wer gewinnt?«, fragt der kleine Enkel. Die Antwort der Großmutter lautet: »Es gewinnt der Wolf, den du fütterst.«

Überleg dir gut, ob du den weißen oder den schwarzen Wolf füttern willst. Kleiner Tipp: Der schwarze Wolf liebt es, wenn du über jeden Pups jammerst, wenn du dich über jede Kleinigkeit beklagst und über jeden herziehst, der dich schief angesehen hat. Der weiße Wolf mag es, wenn du aktiv etwas gegen Verstimmungen tust, indem du dir etwas Gutes gönnst, dich bewusst an etwas erfreust oder anderen eine Freude bereitest.

Es kommt immer darauf an, eine Entscheidung zu treffen, wie du drauf sein willst. Deshalb heißt es ja auch: Man kann sich um jemanden oder um etwas sorgen, aber man sollte sich keine Sorgen *machen*. Wenn ich etwas gelernt habe in meinem wechselvollen Leben, dann dieses: Alles kann passieren, alles ist in Bewegung, aber besonders tröstlich ist: Nichts bleibt, wie es ist und wie es scheint. Selbst die negativen Dinge verflüchtigen sich irgendwann. Deshalb sollte man ihnen nicht so viel Beachtung schenken.

Oft sind es sogar die richtig unangenehmen Erlebnisse, die sich in etwas Positives verwandeln. Vor einiger Zeit wurde mein Instagram-Account gehackt, von einem miesen kleinen Erpresser, der doch tatsächlich Geld von mir wollte. Zunächst machte ich meinem Ärger Luft, indem ich ihn den Kackbratzenbonsaihacker taufte. Mann, tat das gut. Womit ich nie gerechnet hätte: Als ich den Hackerangriff auf Facebook und Instagram postete, kamen so viele mitfühlende und aufmunternde Kommentare, dass ich förmlich in Liebe gebadet wurde. Vielen Dank, du Kackbratzenbonsaihacker! Du hast mir eine Welle der Sympathie, der Liebe und der Solidarität geschenkt! Hacken findet nur in der virtuellen Welt statt, aber die Gefühle in der analogen Welt kann mir niemand wegnehmen.

Deshalb kann ich nur aus vollem Herzen raten: Beschwere dich nicht, wenn mal was schiefläuft. Gräme dich auch nicht, wenn du enttäuscht wirst. Und ärgere dich bloß nicht über fehlende Dankbarkeit – etwa, wenn die Kinder aus dem Haus gehen. Das ist nur eine Aufforderung, etwas Neues zu beginnen. Du überwindest solche Erlebnisse schneller, wenn du der Liebe die höchste Priorität einräumst. Der Liebe zu dir selbst, zu den Menschen, die dir nur kurz begegnen, und die Liebe zu jenen Freunden, die dich begleiten, tragen, stärken, korrigieren, stützen. Wenn du dieses Gefühl des Glücks durch unangenehme Ereignisse hindurch wieder stärker spürst, kannst du Negatives sehr viel entspannter an dir vorüberziehen lassen.

Man sollte sich nicht von schlechten Erfahrungen des Gestern und von den Befürchtungen über die Zukunft die Laune verderben lassen. Denk immer daran: Das Gestern ist Vergangenheit, nur die Gegenwart ist der lebendige Moment. Und das Morgen ist halt erst morgen die Gegenwart, deshalb muss es warten. Im Jetzt kannst du immer der guten Laune den Vorrang geben.

Das solltest du auch unbedingt tun, denn man kann sie leider verlernen. Wenn du dauernd mit herabgezogenen Mundwinkeln rumläufst, wird es dir immer schwerer fallen, aus dem Loch deiner schlechten Laune wieder rauszuklettern. Gute Laune ist wie eine Topfpflanze, die täglich gegossen werden muss. Lässt du sie verkümmern, vertrocknet sie irgendwann. Dann kannst du später noch so viel Wasser draufkippen – lebendig wird sie nicht wieder. Und das ist ein wahrer Jammer, denn selbst gemachte gute Laune ist ein Beitrag zu deiner eigenen mentalen Gesundheit.

Gute Laune ist wie eine Topfpflanze,
die täglich gegossen werden muss.

Jeder ist für sich selbst zuständig. Daher sage ich: Mundwinkel nach oben! Gute Laune macht den Kopf frei und öffnet den Blick für andere, die dir dein positives Gefühl prompt zurückspiegeln. Also stopf dir morgens die Taschen voll mit guten Gedanken, und starte in den Tag. Schütte deine positive Energie über alle Leute aus, deren Mundwinkel nach unten zeigen. Du wirst staunen, wie sich dein Leben dadurch verändert, wie alles Gute zurückkommt.

Dazu passt ein Erlebnis, das ich vor Kurzem hatte. Es war eine sehr inspirierende Begegnung mit einem mir bis dato fast unbekannten Menschen. Er hatte mich spontan zu einem Sonntagsfrühstück eingeladen, das in großer Höhe stattfand, sechzehn Stockwerke über der Stadt, und mit einer so unfassbar grandiosen Aussicht gekrönt, dass sie mich verstummen ließ. Während unser Blick über die endlose Weite streifte, erzählte mir mein Gastgeber von seiner außergewöhnlichen Gute-Laune-Strategie: An manchen Tagen beschließt er, auf einen wildfremden Menschen in der Stadt zuzugehen, ihm einen guten Morgen zu wünschen oder ein Kompliment zu machen, garniert mit einem Lächeln. Es sei eine Übung für ihn, sein Glück und seine gute Laune mit anderen Menschen zu teilen. Wow, dachte ich, genauso muss es sein. Es war sicherlich kein Zufall, dass wir einander begegnet sind.

8

Pflege deine Freundschaften

Warum die Wahlfamilie so wichtig ist

Sehr oft werde ich gefragt – von jungen und auch von älteren Menschen –, wie man das hinkriegt, aus der Reihe zu tanzen. Wie sieht der allererste Tanzschritt aus? Gerade neulich wieder wurde mir diese Frage gestellt. Ich stand in einem winzigen Laden in Berlin-Mitte, der köstliche kleine Gebäckkreationen verkauft. Während ich im Anblick der wunderbaren pastellfarbenen Macarons schwelgte, sprach mich ein mittelalter Herr im Businessoutfit an, der sich als Follower zu erkennen gab. Auch er wollte wissen, was man als Erstes tun sollte, um sein Ich zu befreien.

»Hmmm, also«, nur zögernd löste ich meinen Blick von den Köstlichkeiten in der Vitrine, das gebe ich zu, »die erste Hürde zu einem selbstbestimmten Leben überwindest du mit einem einfachen Schritt: Finde Gleichgesinnte.«

»Du meinst … Freunde?«, fragte er nach.

»Echte Freunde«, präzisierte ich meine Antwort. »Also nicht Menschen, die dir zufällig mal über den Weg gelaufen sind und seitdem irgendwie dazugehören. Ich meine Freunde, die mit dir absolut auf einer Wellenlänge sind. Die dich begleiten und trösten und stärken.«

»Klingt gut«, erwiderte er. »Aber solche tollen Freunde habe ich leider nicht.«

»Dann ändere das. Unbedingt! Echte Freunde sind zwar ein Geschenk, doch man muss aktiv nach ihnen Ausschau halten.« Ich ließ ein Pistazienmacaron auf der Zunge zergehen, das mir die Verkäuferin mit einem kleinen Schmunzeln gereicht hatte – sie kannte mich und meine kulinarische Leidenschaft. »Solche Freunde fallen dir nicht in den Schoß, glaub mir. Genauso wahr ist, dass du lernen musst, zwischen echten und falschen Freunden zu unterscheiden.«

»Oje.« Mit einem kleinen Seufzer zupfte der Typ an seiner Krawatte. »Da sagst du was. Ich habe oft das Gefühl, dass mir meine eigenen Freunde gar nicht richtig zuhören.«

»Siehst du, dann weißt du schon mal, wonach du *nicht* Ausschau halten solltest.«

»Danke, dass du mir wenigstens zugehört hast«, lächelte er. »Ist das jetzt etwa der Beginn einer wunderbaren Freundschaft?«

Beide mussten wir über das Zitat aus dem legendären Casablanca-Film lachen. Ja, so entstehen manchmal Freundschaften – spontan aus dem Augenblick heraus, weil man spürt, dass man sich gegenseitig etwas zu geben hat und einander zuhört.

Freunde haben immer eine große Rolle in meinem Leben gespielt. Gerade wenn man sein eigenes Ich entdeckt, gegen alle Widerstände, braucht man Weggefährten, die einen freundschaftlich unterstützen. Das erlebte ich als junger, noch unsicherer Mann, das erlebe ich bis zum heutigen Tag. Und je älter ich werde, desto deutlicher steht mir der Wert echter Freundschaft vor Augen. Mein Leben wäre jedenfalls ganz anders verlaufen, wenn ich immer nur als Einzelkämpfer unterwegs gewesen wäre. Vielleicht hätte ich sogar aufgegeben. Deshalb war es eine Erlösung, als ich endlich Freunde fand, die mich annehmen konnten und mich in meiner Persönlichkeit bestärkten.

Schon während meiner Kochlehre in Hannover lernte ich, wie wichtig echte Freunde sind. Dort fand ich zu meinem Ich. In Berlin fand ich dann zum Wir. Ich lernte, dass der Satz »Gemeinsam sind wir stark« nicht nur für die Familie oder für Beziehungen gelten muss, sondern auch ganz besonders für Freundschaften gelten kann. Obwohl ich ein absoluter Individualist bin, fühlte ich mich zunehmend wohler in Freundeskreisen, in denen neben der Akzeptanz von Vielfalt ein Wir-Gefühl entstand: Vertrauen und Nähe, Solidarität und Loyalität.

In den 1960er- und 1970er-Jahren war diese Gruppenmentalität natürlich auch ein politisch motivierter Protest gegen die spießige Kleinfamilie. Das Private ist politisch, hieß es. Also raus aus der Einzelhaft und rein in die Wohngemeinschaften, den Gegenentwurf zum überkommenen Mainstream. Wir wollten nicht so isoliert leben wie unsere Elterngeneration. Wir sahen ja, wie die sich abkapselte. Die Älteren verschanzten sich hinter hohen Zäunen, buchstäblich und im metaphorischen Sinne. Sie schotteten sich ab. Freunde ließen sie nie näher an sich heran, als ein Kartenspielabend oder ein Kegelclubtreffen es erlaubte. Meine eigenen Eltern hatten jedenfalls keine Freunde, nur »Bekannte«.

Relativ früh wusste ich, dass meine ganz persönliche Glücksformel darin bestehen würde, mein Leben mit wirklich guten Freunden zu teilen – die schönen und die schwierigen Momente, die Partys und die Probleme. Allein leben? Nein danke!

Über dreißig Jahre ist es jetzt her, dass ich mit einer Clique enger Freunde in ein ehemals besetztes Kreuzberger Mietshaus zog. Vorausgegangen war ein zähes Ringen mit der Eigentümerin, der GSW, die uns zunächst als »einen Haufen Chaoten« abqualifizierte. Dabei waren wir keineswegs Freaks aus der Besetzerszene, einfach nur ganz normale Singles, Paare und Familien mit Kindern. Doch wir hatten einen Traum: Aus der abgeratzten Ruine wollten wir eine Haus-WG erschaffen. Keine Zweckgemeinschaft, nein, eine echte Hausgemeinschaft.

Wir hatten unwahrscheinliches Glück. 1980 legte der Berliner Senat ein Programm zur Umwandlung besetzter Häuser in legalen Wohnraum auf. Das Ziel hieß Wohnraumbeschaffung im eingemauerten Westen der geteilten Stadt. Unter der Bedingung, dass wir das marode Gebäude selber sanierten, konnten wir mit günstigen Krediten Wohnungen erwerben. Es war eine einmalige Chance, und wir nutzten die Gunst der Stunde. Ob wir das wirklich schaffen würden, darüber zerbrachen wir uns nicht mal ansatzweise den Kopf. Hallo? Wir hatten eine Vision! »Fantasie an die Macht«, lautete die Devise: zusammen leben, lieben, lachen, feiern, zusammen alt werden und uns dabei gegenseitig unterstützen.

Zu dieser Zeit war ich erst Mitte vierzig, also nicht gerade in einer Lebensphase, in der man groß über das Alter nachdenkt. Andererseits hegte ich eine große Wertschätzung für die Freundschaft als Lebensmodell. Die vielen Freundeskreise und Gruppen, in denen ich mich engagierte, boten so viel mehr Lebensfreude als der Rückzug in eine vereinzelte Existenz. Außerdem hatte ich bereits als alleinerziehender Vater die Erfahrung gemacht, wie beglückend es ist, die Familie zur Wahlfamilie zu erweitern. Halb aus Zufall, halb aus finanziellen Gründen hatte ich zwei Zimmer meiner Moabiter Wohnung untervermietet. Mit Margit, unserer Mitbewohnerin, zogen Valesca und ich das große Los. Sie wurde eine sehr gute Freundin, wir halfen einander, wo wir konnten. Als dann das Kreuzberger Wohnprojekt Gestalt annahm, stand sofort fest, dass auch Margit einziehen würde – gleich gegenüber von der kleinen Dachgeschosswohnung, die ich mir ausgesucht hatte.

Vorher mussten wir erst mal unsere »Muskel-Hypothek« abstottern, was bedeutete, mit vollem Körpereinsatz das Haus auf Vordermann zu bringen. Ganz ehrlich, heute weiß ich wirklich nicht mehr, wie wir das hinbekommen haben. Elf Wohneinheiten mussten renoviert werden, und wir waren alle blutige Amateure. Tagsüber arbeiteten wir in unseren Berufen, abends und am Wochenende verwandelten wir uns in Handwerker – Maurer, Maler, Parkettverleger. Wir stemmten Wände auf, rissen einen ganzen Hausflügel ab und fuhren den Schutt weg. Einmal stand ich heulend im Hinterhof, weil der Schuttberg so hoch geworden war, dass der Bulldozer nicht durch die Toreinfahrt passte und wir nun alles in Handarbeit in den Container auf der Straße transportieren mussten.

Für das Dachdecken, Tischlern und Klempnern beauftragten wir professionelle Firmen, dreißig Prozent der Kosten mussten wir selbst tragen. Den Rest machten wir in Eigenarbeit: Putz abklopfen, Fassaden streichen, lackieren, tapezieren. Zwischendurch aßen wir zusammen unsere Stullen auf dem großen Schutthaufen im Hinterhof, dann ging's weiter. Es war harte körperliche Schufterei. Aber wir wussten ja, wofür wir uns abrackerten: für unseren gemeinsamen Traum.

Zwei Jahre dauerten die Renovierungsarbeiten. Dann war es endlich so weit. Nie werde ich den ersten Tag in unserem neuen Zuhause vergessen. Valesca und ich waren die Allerersten, die in das noch nicht ganz fertige Gebäude einzogen, und die Leute von der Umzugsfirma mussten Bergsteigerqualitäten beweisen, weil das Treppenhaus noch ein Provisorium war. Zugleich sollte an diesem Tag die Premiere der Heizungsanlage über die Bühne gehen. Ein bisschen mulmig war mir schon. Würde die Heizung funktionieren? Als die ausgekühlten Räume dann tatsächlich warm wurden, war das ein tolles Gefühl.

Die erste Nacht verbrachten Valesca und ich auf Matratzen im Kinderzimmer und schauten durchs Dachfenster in den Sternenhimmel. Ja, es waren wirklich Sterne zu sehen! Von unserer Wohnung aus! Es war das pure Glück für uns.

Nach und nach bezogen nun auch die anderen Freunde das Gebäude. Im Erdgeschoss des Hinterhofs richteten wir einen Versammlungs- und Veranstaltungsraum ein, in dem vom Yogakurs bis zur Hausparty so ziemlich alles stattfinden konnte. Noch heute treffen wir uns dort immer am letzten Montag des Monats. Alles wird gemeinsam entschieden. Und ganz so, wie wir uns das gewünscht hatten, ist ein immer dichteres Netz der freundschaftlichen Beziehungen entstanden. Wir laden uns gegenseitig zum Essen ein, wir hüten die Kinder, falls Not am Mann oder an der Frau ist. Wird jemand krank, wird selbstverständlich für ihn eingekauft, oder man bringt ihm etwas Selbstgekochtes. Wir fahren sogar in wechselnden Kombinationen zusammen in Urlaub. Mitten in der Großstadt Berlin haben wir uns ein fast dörfliches Biotop der Freundschaft erschaffen.

Anfangs hörte ich oft Bedenken. »Was wollt ihr denn mit dem Haus?«, wurde ich gefragt. »Das ist doch so runter, das kann man nur noch abreißen.« Aber wir haben alles geschafft, und das Haus wurde mein Zuhause, mit all den Menschen, die dort wohnen. Nach wie vor leben und feiern wir zusammen. Vor allem aber reden wir noch miteinander – und nicht mit Anwälten *übereinander* wie in anderen Eigentümergesellschaften. Die bewusste Entscheidung, uns eine eigene Struktur aufzubauen, hat den »test of time« bestanden.

Heute, mit Mitte siebzig, kann ich mein Glück manchmal gar nicht fassen, dass ich schon vor dreißig Jahren die Weichen für ein Alter ohne die moderne Isolationsfolter gestellt habe. Wenn ich höre, wie ältere Menschen in ihren Einzimmerwohnungen leben und oft wochenlang keine Menschenseele sehen, stimmt mich das traurig. Genauso deprimierend finde ich die Vorstellung, das Rentenalter in einem Heim zu verbringen. In einigen Einrichtungen mag es engagierte, liebevolle Mitarbeiter geben, doch es bleibt dabei, dass man dort die letzten Lebensjahre mit Menschen teilt, die man sich nicht ausgesucht hat.

Einsamkeit und Isolation sind allerdings nicht nur ein Altersphänomen. Neulich habe ich mich mal schlaugemacht. In Deutschland sind über vierzig Prozent der Menschen Singles, in Großstädten sind es sogar mehr als die Hälfte. Ich habe ganz schön gestaunt, als ich die Zahlen las. Übrigens sind nur gut ein Drittel der deutschen Singles über vierundsechzig, was logischerweise bedeutet, dass zwei Drittel der Alleinlebenden jünger sind. Und auch in dieser Altersgruppe gibt es einen traurigen Single-Trend, der sich in einem Wort zusammenfassen lässt: Einsamkeit. Nach einer Erhebung der

Bundesregierung leiden zehn Prozent dieser Bevölkerungsgruppe massiv unter sozialer Isolation.

Mal ganz abgesehen davon, was das nachweislich gesundheitlich bedeutet – Depressionen, psychosomatische Erkrankungen, erhöhtes Demenzrisiko –, finde ich diese Entwicklung erschreckend. Es ist, als hätten viele Menschen vergessen, freundschaftliche Beziehungen aufzubauen und zu leben. Einen Grund kann ich nachvollziehen, auch wenn ich es selber anders gemacht habe: In der Rushhour des Lebens, wenn Beruf und Kinder die volle Energie fordern, vernachlässigen viele Leute Freundschaften. Und so wie die gute Laune kann man wohl auch das Talent zur Freundschaft verlernen. So ziehen viel zu viele Menschen schon in den mittleren Jahren das Ticket in die Einsamkeit. Aber wo gibt es den Fahrschein für die Rückreise?

Damit wären wir wieder in der kleinen Macaron-Bäckerei angelangt. Bei dem Gespräch hatte ich dem Businesstypen zwei Tipps gegeben: erstens aktiv nach Freunden Ausschau halten, zweitens richtige von falschen Freunden unterscheiden lernen. Fangen wir mal mit dem ersten Punkt an.

Such dir Freunde, die deine Werte und deine Sehnsüchte teilen; sie werden dich beflügeln. Pflege Freundschaften, die sich warm und vertrauensvoll anfühlen; sie werden dir den Rücken stärken. Verschenke deine Liebe und Achtsamkeit nur an Menschen, die sich mit dir freuen können, ohne Konkurrenzgefühle, ohne Eifersüchteleien; sie werden immer an deiner Seite sein, und es werden fantastische Synergien entstehen. Genauso habe ich das erlebt, es ist die Basis meines Glücks. Wahre Freunde werden dich nie enttäuschen, und sie werden auch nie dein Vertrauen missbrauchen. Ihnen darfst du alle deine Unzulänglichkeiten, Ängste, Brüche offenbaren, sie werden das nie gegen die verwenden. Trau dich, denn Menschen, die all deine Schwächen akzeptieren und bei denen du dich vollkommen sicher fühlst, sind gut für dich.

Such dir Freunde, die deine Werte und deine Sehnsüchte teilen: sie werden dich beflügeln.

Weniger erfreulich ist der zweite Punkt, denn so radikal es auch klingt: Alle Menschen, die dich runterziehen, solltest du aussortieren. Diejenigen, die dir sagen, dass du nichts bist und nichts kannst. Diejenigen, die dich nur kritisieren, aber nie loben. Diejenigen, die dich ausnutzen, dir aber nie ihre Hilfe anbieten oder für dich da sind. Meide auch angebliche Freunde, die dir nicht richtig zuhören. Du weißt schon, diese Leute, die immer nur mit einem halben Ohr bei der Sache sind und ungeduldig nach ihrem Handy schielen, wenn du ihnen dein Herz ausschütten willst. Du wirst sie nicht zu Freunden umbiegen können. Das Einzige, was du tun kannst, ist, dich innerlich liebevoll von ihnen zu verabschieden und sie gehen zu lassen. Halte lieber Ausschau nach wahren Freunden.

Wir leben in einer Zeit, in der Paarbeziehungen das große Thema sind – alle suchen den Traumprinzen, die Traumprinzessin. Glaubt man den Statistiken, sind drei von zehn Deutschen auf Dating-Portalen registriert, um den Partner fürs Leben zu finden. Freunde zu finden ist weit weniger populär. Und es scheint auch ganz schön kompliziert zu sein, sonst gäbe es nicht meterweise Ratgeber darüber, wie man Freundschaften knüpft und festigt.

Wenn es noch keine freundschaftlichen Wegbegleiter in deinem Leben gibt, dann öffne dich für Begegnungen. Such dir

Gleichgesinnte! Die Geschenke der Freundschaft werden dir überreicht, sobald du deine Herzenstür einen Spalt offen lässt und neugierig bist auf die Menschen, die anklopfen. Du findest sie dort, wo deine Interessen aufleben – beim Tanzen, beim Sport, im Fußballstadion, im Museum. Trau dich, jemanden anzusprechen, der dir positiv auffällt. Und wenn du merkst, dass sich eine gute Energie aufbaut, dann öffne dein Herz. Man spürt, wer zu einem gehört – unwillkürlich fühlt man sich voneinander angezogen, eine Schwingung entsteht, ein Gleichklang. Das ist fast ein bisschen wie Verlieben, nur ohne Sex. Deshalb scheue ich mich auch nicht, meinen engen Freunden und Freundinnen zu sagen, dass ich sie liebe.

Ganz egal, ob du Single bist oder in einer festen Partnerschaft: Bau dir eine Wahlfamilie auf. Sie muss nicht groß sein, eine Handvoll echter Freunde genügt. Pflege diese Freundschaften, denn sie sind deine emotionale Lebensversicherung. Damit entlastest du auch deinen Nachwuchs. Ich bin heute Großvater mit zwei Enkelkindern, doch ich gehöre nicht zu den Opas, die fragen: »Wann besucht ihr mich endlich mal?« Auf Pflichtbesuche lege ich keinen Wert. Ich habe mein eigenes erfülltes Leben und lebe im warmen Nest der Freundschaft, deshalb stelle ich keine Ansprüche an meine Familie. Es ist alles freiwillig, es ist alles entspannt.

Allerdings empfinde ich Freundschaft nach wie vor als ein Geschenk, für das ich aktiv etwas tun muss. Was genau, möchte ich mal im Fragemodus schildern: Wann hast du dem Menschen, den du deinen Freund nennst, deinen Lebens- und Wegbegleiter, das letzte Mal gesagt, was er dir bedeutet, was er für dich ist? Wann hast du ihm gesagt, was du an ihm schätzt und liebst? Hast du ihm jemals für seine Aufrichtigkeit gedankt, seine Aufmerksamkeit, für seine Zuverlässigkeit und seine Geduld? Hast du ihm gezeigt, wie dankbar du bist, dass er an deiner Seite bleibt, obwohl er deine verborgenen Abgründe kennt, deine Zweifel und deine Verzweiflung, kurz: alles, was dich verletzlich macht?

Es ist nicht selbstverständlich, dass dieser Mensch dich mag und immer für dich da ist. Also zeig ihm, wie sehr du ihn wertschätzt. Lass ihn an deinem Leben teilhaben, und nimm Anteil an seinem Leben. Frag ihn, was ihm durch den Kopf geht, was ihn ärgert und was ihn freut. Lass ihn spüren, dass auch du immer für ihn da bist, selbst dann, wenn ihr euch mal für eine gewisse Zeit nicht seht. Dann wird das goldene Band, das euch verbindet, niemals brüchig werden.

9

Versuche, loszulassen

Wie Beziehungen klappen

Einmal wurde ich von einem Journalisten gefragt: »Was ist für dich besser als raven?« Meine Antwort: »Sex – und danach wieder tanzen!«

Shocking? Nein, ehrlich. Liebe, Lust und Leidenschaft haben kein Verfallsdatum. Ob man siebzehn oder siebzig ist, Verlieben geht immer, und auch die Erotik wird immer dazugehören. Schon ein prickelnder Flirt lässt mein Herz einen Trommelwirbel nach dem anderen schlagen. So wie letztens in der U-Bahn, als mir ein unwahrscheinlich gut aussehender Mann einen Zettel mit seiner Handynummer in die Hand drückte. »Du bist faszinierend, können wir mal einen Kaffee trinken gehen?«, raunte er mir zu. Es knisterte gewaltig zwischen uns. Allein seine Blicke gingen mir durch und durch. Auch diese erotische Spannung ist schon Sex, es endet nicht zwangsläufig im Bett.

*Ob man siebzehn oder siebzig ist,
Verlieben geht immer, und auch die Erotik
wird immer dazugehören.*

Solche Begegnungen sind sehr, sehr aufregend, man muss sie aber auch zulassen. Dann entstehen diese magischen Momente ganz von allein. Ich war nie der Typ, der sich in dunklen Parks rumdrückt, und ich bin auch nicht auf den einschlägigen Portalen im Internet unterwegs. Für mich ist die Funken sprühende Wirklichkeit wichtig. Es muss einen erotischen Flow geben, eine ansteckende Energie. Manchmal wird sogar Liebe daraus. Und eines möchte ich betonen: Liebe in jeglicher Form ist das beste Anti-Aging-Treatment aller Zeiten. Bis zuletzt!

Ja, diese Liebesfähigkeit begleitet uns ein Leben lang – sofern wir uns darauf einlassen. Ganz anders sieht es mit der Haltbarkeit von Beziehungen aus. Nichts hält ewig, obwohl wir es gern so hätten. Schon ein flüchtiger Reality-Check im eigenen Umfeld zeigt: Ewige Liebe, ewiges Glück, ewige Treue sind selten. Jedenfalls habe ich selber das noch nie erlebt. Deshalb würde ich von Ausnahmen sprechen, nicht von der Regel. Im besten Falle ersetzt man die Leidenschaft durch die Wonnen der Gewohnheit und genießt den Zustand der Nähe, des Einklangs. Aber auch das gelingt nicht immer. Es bleibt also die Frage, wie wir mit der Vergänglichkeit von Beziehungen umgehen.

Ich glaube, dass mir alle Menschen, die ich liebe und liebte, vom Leben geschickt wurden. Jeder, der mir gestattete, ihm etwas zu geben, jeder, von dem ich etwas mitnehmen durfte. Dafür bin ich sehr dankbar. Dennoch betrachte ich Partnerschaften nicht als Voraussetzung für ein erfülltes Leben. Das klingt vielleicht merkwürdig, beruht jedoch auf meiner Erfahrung, wie wichtig die emotionale Eigenständigkeit ist. Wer Beziehungen eingeht, um sein zerknittertes Selbstwertgefühl glattzubügeln, kann sich schon mal auf eine Krisenserie einrichten.

Das fiel mir wieder ein, als ich vor Kurzem eine Bekannte auf der Straße traf. Ich hatte sie länger nicht gesehen. Schon von Weitem fiel mir auf, dass sie völlig durch den Wind war. Als wir dann voreinanderstanden, hielt sie sich gar nicht erst mit einer Begrüßung auf.

»Er ist weg«, brach es aus ihr hervor. »Ich weiß gar nicht, was ich tun soll. Er ist einfach auf und davon. Vor einem halben Jahr schon.«

»Wer, dein Mann?«

Sie nickte heftig. »Ohne ihn ist alles so sinnlos …«

»Verstehe«, erwiderte ich. Das war keineswegs geschwindelt, obwohl ich ihre Schlussfolgerung nicht so ganz nachvollziehen konnte. »Wollen wir vielleicht einen Kaffee trinken und darüber reden?«

Genau das schien sie erhofft zu haben, denn ich sah die Erleichterung in ihrem Gesicht. Also gingen wir ein paar Schritte weiter in ein Café. Nachdem wir uns mit zwei Latte macchiato in bunte gemütliche Sessel gesetzt hatten, nahm ich den Gesprächsfaden wieder auf.

»Darf ich dich was fragen? Du hast gesagt, dein Leben ist jetzt sinnlos. Wieso denkst du denn, du brauchst nur diesen einen Mann, um deinem Leben einen Sinn zu geben?«

»Na, hör mal«, fuhr sie mich gereizt an. »Er war mein Ein und Alles! Wir haben alles zusammen gemacht, es war perfekt mit uns!«

Ich verkniff mir die Bemerkung: »So perfekt kann es ja nicht gewesen sein, wenn er dich verlassen hat.« Stattdessen hörte ich mir ihre Klagen an. Es waren vor allem Anklagen. Sie beschuldigte den untreuen Ex, ihr Leben zerstört zu haben. Über allem, was sie von sich gab, schwebte ein unsichtbares Schild: Vor dir sitzt ein Opfer! Diese Haltung bereitete mir einiges Unbehagen. Ich nahm ihren Liebeskummer durchaus ernst, auch ich war schon verzweifelt, wenn eine Beziehung in die Brüche ging. Doch hier lagen die Dinge offenkundig etwas anders.

»Es tut mir leid, dass es dir so schlecht geht, aber hast du schon mal darüber nachgedacht, wie du das ändern kannst?«, versuchte ich vorsichtig, ihre Gedanken in eine etwas andere Bahn zu lenken.

»Wieso denn ich?«, kam es empört zurück.

»Wenn du seit einem halben Jahr unter der Trennung leidest, wäre es vielleicht an der Zeit, etwas Neues aus der Situation zu machen?«

Ihr Blick verhärtete sich und wurde fast feindselig.

»Du hast gut reden, du hast viele Freunde. Ich bin furchtbar einsam ...«

Dann tu doch was dagegen! dachte ich, sprach es aber nicht aus. Wahrscheinlich hätte sie diesen Kommentar als Affront aufgefasst. Eine Weile hörte ich mir noch ihre Klagen an, dann verabschiedete ich mich. Gerne hätte ich dieser Bekannten meine Überlegungen zu ihrem Trennungsdrama mitgeteilt. Durch den Opfermodus war sie in einem blockierenden Selbstbild gefangen. Aber sie hatte noch nicht genügend Abstand zu den Ereignissen, um sich auf unbequeme Wahrheiten einzulassen.

Ich maße mir keineswegs an, ein Beziehungsexperte zu sein. Ganz gewiss tauge ich auch nicht zum Eheberater, obwohl ich selbst verheiratet war und danach langjährige Beziehungen hatte. Andererseits habe ich in den vielen Jahren meiner Anwesenheit auf dieser Erde einige Erfahrungen sammeln können: Liebesleid und Liebesfreud, das volle Programm. Dabei sind mir Beziehungsmuster aufgefallen, die im Sinne eines Denkanstoßes interessant sein könnten.

Vorausgeschickt sei: Es ist großartig, wenn du eine feste Beziehung hast. Genau davon träumen Millionen Menschen. Millionen legen jedoch auch gleich ihr gesamtes Lebensglück in die Hände des Partners, und dieser Anspruch erzeugt einen immensen Druck. Wie soll eine einzige Person alle deine Wünsche, alle deine Bedürfnisse und Interessen abdecken? Wie soll dieser Mensch alles einlösen, was du dir vom Leben erhoffst? Trotzdem verhalten sich viele Paare so, als hätten sie mit ihrer festen Beziehung eine Lebensversicherung fürs unbegrenzte Glück zu zweit abgeschlossen. Deshalb kapseln sie sich ab und werfen vieles über Bord, was ihnen vorher wichtig gewesen ist.

Ich habe häufig beobachtet, wie Menschen selbst vormals enge Freundschaften vernachlässigen, weil dem neuen Partner die Freunde und Freundinnen nicht gefallen. Sie geben heiß geliebte Hobbys auf, weil der Partner kein Interesse daran hat. Sie unternehmen auch nichts mehr allein, weil sie glauben, dass sämtliche Aktivitäten nur noch zu zweit Spaß machen. Nun soll der Partner alles leisten, was bisher auf den Freundeskreis verteilt war: Mit dem einen Freund gehst du joggen, mit dem anderen ins Kino; mit dem einen lachst du dich scheckig, mit dem anderen führst du tiefschürfende Gespräche. Es ist ein buntes Kaleidoskop. Was aber, wenn das alles nun der eine Partner stemmen soll?

Die totale Fixierung auf einen einzigen Menschen kann nicht nur negative Folgen für die Beziehung haben, sie hemmt auch die eigene Entwicklung. In den ersten Monaten mag es normal sein, sich auf die Glücksinsel der Zweisamkeit zurückzuziehen. Auf Dauer kann das nicht gut gehen. Ohne es zu bemerken, verlieren Menschen in einer abgeschotteten Beziehung oft ihre Eigenständigkeit. Kommt es dann zur Trennung, wird es unendlich schwierig, sich diese Eigenständigkeit zurückzuerobern.

Man sollte sich klarmachen, dass die Liebe etwas Wunderbares ist, in den meisten Fällen jedoch ein Verfallsdatum hat. Deshalb sollte man sich selbst nie aus dem Blick verlieren. Natürlich darf man traurig sein, wenn ein geliebter Mensch geht. Es wäre jedoch ein Irrtum zu glauben, dass man nur im Zweierpack ein vollwertiger Mensch ist. Irgendwann kommt der Zeitpunkt, in dem man sich wieder auf sich selbst fokussieren muss. Dann hilft es, wenn man schon vor und während der Beziehung gut für sich gesorgt hat, mit eigenen Interessen und eigenen Freundschaften.

Gerade in einer Beziehung kann und sollte man sich Unabhängigkeit und Eigenständigkeit bewahren. Es ist kein Beweis für Bindungsfähigkeit, wenn man klebt und klammert. Eine Binsenweisheit? Ja und nein. Wissen und Handeln sind nun mal zwei Paar Schuhe. Jeder, der sich regelmäßig Junkfood reinzieht, weiß ganz genau, was er seiner Gesundheit damit antut. Vom Alkohol- und Drogenmissbrauch will ich gar nicht erst anfangen. Theoretisch sind wir alle voll im Bilde, auch was die Gefahren einer zu engen Paarbeziehung angeht. In der Praxis halten wir trotzdem oft an Bindungsmustern fest, die uns nicht guttun.

Auch für mich war es ein langwieriger Lernprozess. Nach dem Outing empfand ich mein Liebesleben lange als schwierig. All mein Sehnen und Verhalten war immer auf Heterosexualität ausgerichtet gewesen, und ich hatte keinerlei Erfahrung mit dem Schwulsein. Anders als heute gab es auch keine leicht zugänglichen Informationen darüber. Außerdem musste ich mich mit der Frage herumschlagen, was meine neu entdeckte sexuelle Orientierung eigentlich für mich selbst bedeutete. Existierte sie überhaupt? Vielleicht war mein erotisches Erlebnis mit Reinhold ja nur eine flüchtige Episode gewesen?

In der homosexuellen Sphäre fand ich mich anfangs gar nicht zurecht. Es war eine fremde Welt für mich, weil ich mich als Vater hauptsächlich in Kreisen von Familien mit Kindern bewegt hatte. Das ist noch heute so. Viele meiner Freunde sind verheiratet und haben Kinder. Irgendwann kam ich zu dem Schluss, dass mein Liebesleben und mein Alltagsleben einen Einklang bilden sollten. Es ging nicht darum, mich in eine bestimmte Szene zu begeben, sondern die Liebe in mein Leben zu lassen, so wie sie mir begegnete – ohne meinen Lebensstil zu verändern.

Kurz nach der Trennung von meiner Frau verliebte ich mich in Peter. Glücklicherweise verliebte er sich auch in mich. Wir hatten viel gemeinsam, und als versierter Kenner führte er mich in die fantastische Welt der Oper und der Kunst ein. Wir gingen auch ins Theater und zu Konzerten. Nach wie vor war ich allerdings alleinerziehender Vater. Zusammenziehen kam für uns nicht infrage, Peter und ich wohnten getrennt. Wie nicht anders zu erwarten, gab es Konflikte, weil meine Tochter an erster Stelle stand. In meiner Freizeit und am Wochenende kümmerte ich mich vor allem um Valesca. Unter anderem ermöglichte ich ihr Reitstunden auf einem Pferdegestüt und saß immer dabei, wenn sie trainierte. Es war mir wichtig, dass meine Tochter keinerlei Zurücksetzung verspürte.

Ich war auch alles andere als der immer lockere, verständnisvolle Vater. Als Valesca ihre ersten Freunde hatte, war ich wie jeder andere Vater besorgt – und auch eifersüchtig. Natürlich gefielen mir manche Jungs überhaupt nicht, die sie mitbrachte. Ich wollte immer genau wissen, wo sie ist. Jedes Mal, wenn sie abends wegging, begann ein zähes Verhandeln, wann sie zu Hause sein musste. Sicherlich spielte dabei eine Rolle, dass ich als alleinerziehender Vater unter verschärfter Beobachtung stand. Ich wollte Vater und Mutter zugleich sein, das machte mich zeitweise zu einem echten Kontrollfreak.

Erst als Valesca etwas älter wurde, änderte sich meine strikte Haltung Peter gegenüber. Wir waren schließlich ein Paar, insofern hatte er das Recht, mehr Zeit mit mir zu verbringen. Wir verreisten sogar manchmal zu viert. Peter, seine Mutter, Valesca und ich quetschten uns samt Gepäck in meinen kleinen VW Käfer, dann ging's ab ins Wochenende. Meiner Quasi-Schwiegermutter blieb die Sache suspekt. Sie rümpfte auch die Nase, weil Peter durch mich inspiriert wurde, immer mehr Secondhand-Elemente in seinen Kleidungsstil einzubauen. Tja, wir waren eine lustige Kombination. Die etwas andere Patchworkfamilie – nicht gerade konfliktfrei, aber vom festen Willen zum Glück beseelt.

Als sich nach zehn Jahren Beziehung die Trennung abzeichnete, begann eine schmerzhafte Phase. Ich versuchte gar nicht erst, um Peter zu kämpfen, weil ich in Liebesangelegenheiten nun mal nicht an den Sinn des Kämpfens glaube. Stattdessen fiel ich in ein tiefschwarzes Loch. Ich war völlig am Boden und verachtete mich auch noch dafür. Immer wieder fragte ich mich: Warum schlitterst du jetzt in diese Sinnkrise? Warum kannst du nicht einfach sagen: Danke für die schöne Zeit?

Mein seelisches Tief zwang mich, etwas zu ändern, und so fasste ich einen Entschluss: Nie wieder wollte ich mich an einen Menschen binden, der eine Lücke in mir füllte. Dass es diese Lücke überhaupt gegeben hatte, wurde mir erst nach der Trennung bewusst. Durch Peters Liebe hatte ich mein nicht gerade stabiles Selbstbewusstsein nach dem Outing gefestigt. Er gab mir Sicherheit und das Gefühl, ein wertvoller Mensch zu sein. All das brach mit der Trennung plötzlich weg. Ich fühlte mich klein, wertlos, einsam. Es dauerte lange, bis ich begriff, dass ich meine Defizite an meinen Partner delegiert hatte, statt an mir selbst zu arbeiten.

Diese Übertragung hatte einen Klammerreflex in mir erzeugt. Nach der Devise »Leiden und weitermachen« hatte ich viele Konflikte unter den Teppich gekehrt. Leider glaube ich, dass in Liebesbeziehungen generell viel mehr verschwiegen wird als unter Freunden, weil man Angst hat, den anderen zu verlieren. Auch der Sex verändert sich. Manchmal wird er sogar zum Erpressungsmittel. Wer denkt, in den Betten verheirateter Paare gehe es pausenlos rund – Pustekuchen. Nur zu oft wird Sex instrumentalisiert, um den Partner zu belohnen oder ihn durch Sexentzug zu bestrafen. Dagegen sind Freundschaften viel stärker vom Verzeihen und Zulassen geprägt, als es die Abmachungen und Ansprüche in einer festen Beziehung sind.

Heute weiß ich: Es muss gelingen, jederzeit autark zu bleiben. Wobei autark nicht mit einsam zu verwechseln ist. Wie kann man einsam sein, wenn man sich selbst hat und mit sich im Reinen ist? So verflüchtigte sich mein Klammerreflex. Stattdessen entdeckte ich eine neue innere Freiheit. Wenn eine Beziehung nicht mehr stimmte, konnte ich den Partner getrost gehen lassen, weil ich wusste: Trennungen bedeuten nicht automatisch eine Katastrophe, so schmerzhaft und traurig sie auch sein mögen. Danach muss nicht alles zusammenbrechen – wenn du weißt, wer du bist und du bleibst, ob mit oder ohne Partner.

Mittlerweile kann ich Beziehungen ganz anders genießen: weil meine Verlustängste verschwunden sind. Ich betrachte Liebesbeziehungen als Sahnetupfer, nicht mehr als den großen Kuchen. Kein zweites Mal würde ich einem Partner zumuten, mich gefälligst glücklich zu machen. Nein, es liegt in meiner eigenen Verantwortung, glücklich zu sein. Seit ich das weiß, ist mein Leben nie wieder leer gewesen; es ist erfüllt von der Liebe zu meinen Freunden, zu meiner Familie, vom Leben selbst. Ich freue mich, wenn ich einen Partner habe, doch ich brauche ihn nicht, um überlebensfähig und glücklich zu sein.

Heute definiere ich meine engen Freunde und Freundinnen als meine »festen Beziehungen«. Sie kennen mich, sie haben meine Verzweiflung und meine Abgründe erlebt und gehen vorurteilsfrei mit meinen Schwächen um. Bei ihnen kann ich mich angenommen und aufgehoben fühlen, jederzeit. Mit ihnen kann ich leben und lachen, durch sie fühle ich mich lebendig, beschützt und weiß mich von ihrer Liebe getragen. Durch sie bin ich unbesiegbar. Gerate ich in Schwierigkeiten, sind sie das Geländer, das mir Halt gibt, aber keineswegs Gehhilfen, ohne die ich keinen Schritt tun kann – so wie das häufig in Partnerschaften passiert.

Auch Eifersucht ist in guten Freundschaften kein Thema. Wenn ich frisch verliebt bin, gönnen mir meine Freunde das Liebesglück. Und als ich zunehmend in die Öffentlichkeit geriet, beschwerten sie sich nicht etwa darüber, dass sie mich seltener zu sehen bekamen, sondern freuten sich mit mir an den vielen positiven Reaktionen. Im Übrigen achten wir immer darauf, dass ein neuer Partner nicht zum Spaltpilz wird, wie es so häufig der Fall ist. Jeder neue Partner weiß, dass meine langjährigen Freundschaftsbeziehungen höchste Priorität haben. Dazwischen passt kein Blatt Papier, wie man so sagt.

Mindestens so wichtig ist mir die Erkenntnis, dass Eigenständigkeit die Basis jeder guten Partnerschaft ist. Auch wenn ich in einer Beziehung bin, gehe ich oft allein aus. Ich möchte weiterhin meine eigenen Erfahrungen machen, offen sein, Menschen kennenlernen. Die Voraussetzung dafür ist Vertrauen. Dann kann ich alles, was ich ohne den Partner unternehme, auch wieder in die Beziehung einbringen, die auf diese Weise lebendig bleibt. Es ist kein Naturgesetz, dass man alles zu zweit machen muss. Tauchen? Kanu fahren? Geschichten schreiben, einen Kurs in der Volkshochschule belegen – warum das alles denn nicht auf eigene Faust ausprobieren? Beziehungen, ganz gleich, ob gleichgeschlechtliche oder heterosexuelle Partnerschaften, brauchen solche Freiräume.

Gib dich nicht auf,
wenn du in einer Paarbeziehung bist.

Gib dich nicht auf, wenn du in einer Paarbeziehung bist. Spätestens wenn die erste verrückte Verliebtheit abflaut und eine Bindung darüber hinaus entsteht, solltest du dich nicht völlig von deinem bisherigen Leben abkoppeln, nach dem Motto »Wir beide gegen den Rest der Welt.« Sonst fehlt das Geländer, an dem du bisher durchs Leben gegangen bist, und damit löst sich auch ein Teil deiner Identität auf.

Eins werden, zwei bleiben – das ist die Basis einer guten Beziehung. Nicht zuletzt bleibt auch die Erotik erhalten, wenn du dir deine Eigenständigkeit bewahrst. Sonst entwickelst du das sogenannte Pandasyndrom: Du kuschelst mit deinem Partner, nennst ihn Mausi und Bärchen – und die erotische Spannung … Na ja, Pandas haben einmal im Jahr Sex. Noch Fragen? Füreinander spannend bleiben, neue Seiten am anderen entdecken, das sorgt für das Knistern in einer Beziehung.

10

Übe dich in Respekt

Höflichkeit ist kein Gerümpel von gestern

Neulich spazierte ich über die Admiralsbrücke, und, *wusch*, mich streifte ein Radfahrer, der in Tour-de-France-Manier über die Brücke raste. »Entschuldigung, dass ich auf dem Bürgersteig laufe!«, rief ich ihm leicht sarkastisch hinterher. Er drehte sich nicht mal um. Höflichkeit? Rücksichtnahme? *Träum weiter, Günther.*

Oh ja, ich träume weiter. Und nicht nur das. Ich praktiziere Höflichkeit, obwohl die Verrohung von Tag zu Tag zunimmt. Wenn ich durch die Stadt gehe, erlebe ich täglich Dinge, bei denen ich nur noch tief Luft holen kann – wo ist der andere mit seinen Gedanken? Jeder lebt in seiner Welt. Jeder ist mit dem Tunnelblick unterwegs oder starrt nur noch auf sein Smartphone. Auf der Straße, im Supermarkt, in der U-Bahn. Dass man den anderen nicht mehr wahrnimmt, regt mich mehr auf als der Schienenersatzverkehr. Es wird gedrängelt und gerempelt, gemuffelt und gepöbelt, als hätten die Leute vergessen, dass mal so was wie gegenseitiger Respekt existierte.

Natürlich gibt es ganz viele reizende Menschen, das darf man nicht vergessen. Die meisten bewegen sich allerdings wie Bulldozer durch die Stadt. Sie schlagen dir die Tür vor der Nase zu, wenn du einen Laden betreten möchtest. Sie drängen dich beiseite, wenn sie sich im Supermarktregal die letzte Packung Nudeln angeln. Hoppla, jetzt komm ich! Natürlich sind diese Leute auch jederzeit bereit, alles zu beschimpfen, was ihnen in die Quere kommt. Kraftausdrücke haben längst die Begrüßungsformeln ersetzt. »Türbereich frei halten, du Vogel!«, raunzt ein Busfahrer seinen Fahrgast an, und der revanchiert sich mit einem beherzten »Ey, Alter, f* dich!«.

Keine Frage, der Alltag ist zum Nahkampfgebiet geworden. Auch im Straßenverkehr. Autofahrer nehmen Radfahrern die Vorfahrt, Radfahrer klingeln Kleinkinder vom Fußweg, Fußgänger denken gar nicht daran auszuweichen, wenn ihnen jemand entgegenkommt. Das Wort »Rücksicht« ist aus dem Wortschatz vieler Menschen verschwunden. Wer da noch Höflichkeit erwartet, könnte genauso gut darauf warten, dass sich der Weihnachtsmann mit dem Osterhasen verlobt.

Übertrieben? Nein. Ganz ehrlich, manchmal finde ich das öffentliche Leben unerträglich. Das fängt schon mit Äußerlichkeiten an. Dem typischen Berliner »Verwahrlosungs-Chic« zum Beispiel kann ich gar nichts abgewinnen, weil ich nun mal ein Freund der Schönheit bin. Wer sich nachlässig kleidet, pocht vielleicht auf seine großartigen inneren Werte, in Wahrheit zeigt er wenig ästhetische Kreativität. Noch schlimmer wird's im Sommer, wenn deutlich mehr gezeigt wird, als vorzeigbar ist. Es gibt Momente, da kollabieren meine Augen!

Meist halte ich ja in Sachen Kleidung mit meiner Meinung

hinter dem Berg. Aber es kann schon mal passieren, dass ich jemanden anspreche, der in Shorts und Flip-Flops ein Restaurant betritt: »Entschuldigung, ich wollte nur darauf hinweisen: Der Strand ist ungefähr dreihundert Kilometer entfernt.«

Sicher, mein Motto ist »Leben und leben lassen«. Aber so, wie sich manche Leute in der Öffentlichkeit präsentieren, verkünden sie eine Botschaft: Ihr seid mir alle egal! Für mich wäre das undenkbar. Wenn ich morgens gut gekleidet aus dem Haus gehe, verkünde ich ebenfalls eine Botschaft: Schaut mal, ich kleide mich schön, für mich und für euch! Die Menschen, die mich sehen, begreifen das durchaus. Sie honorieren diese Haltung mit einem Lächeln, einem erhobenen Daumen oder mit einem Kompliment. Viele freuen sich einfach, dass ihnen mal jemand ohne zur Schau getragene »Ist mir doch egal«-Attitüde begegnet. Schönheit ist eben eine Freudenquelle. Wer würde sich denn nicht über einen herrlich blühenden Kirschbaum freuen? Keiner kann mir erzählen, dass es mit Kleidung nicht genauso läuft.

Auch Freunde der schlechten Gerüche kommen im Sommer voll auf ihre Kosten. Von frisch verschwitzt bis ungeduscht ließen sich da viele interessante Nuancen entdecken. Als jemand, der täglich öffentliche Verkehrsmittel benutzt, wünschte ich mir manchmal eine Atemmaske. »Leute!«, möchte ich dann rufen, »wisst ihr nicht, wie man das Wort ›Deo‹ buchstabiert? Denkt doch einfach daran, dass ihr nicht allein unterwegs seid!«

Ich gebe zu – wenn ich mir so zuhöre, könnte man mich für ein Relikt aus längst vergangenen Zeiten halten. Bin ich aber nicht. Ich gehöre definitiv nicht zu den Nörglern, die klagen, früher sei alles besser gewesen. Als Kind wurde ich immer angehalten: Benimm dich anständig! Grüß die Leute! Steh auf, wenn ein älterer Mensch in die Straßenbahn kommt, und biete ihm deinen Sitzplatz an! Niemand wird gern dauernd ermahnt, deshalb hielt ich vieles, was man mir anerzog, für überflüssigen Firlefanz. Erst später ging mir auf, dass sich hinter diesen vermeintlich leeren Formen eine Haltung verbirgt. Und siehe da: Was mir damals so lästig war, ist mir heute eine große Hilfe im Umgang mit den Menschen. Die Ellbogengesellschaft gewinnt immer mehr überhand, und dann denke ich daran, dass ich mir heute vieles wünsche, was mich damals nervte.

Doch Höflichkeit muss von Herzen kommen, nicht aus kadettenhaftem Drill. Man muss begreifen, dass wir uns gegenseitig das Leben unnötig schwer machen, wenn wir achtlos und ruppig miteinander umgehen. Wenn wir das erst mal verstanden haben, fällt es ganz leicht, höflich zu sein. Bitte und Danke zu sagen zum Beispiel oder Hallo und Auf Wiedersehen. Damit befolgen wir keine altmodische Etikette, nein, wir bringen den Mitmenschen Freundlichkeit und Respekt entgegen.

Stattdessen höre ich oft beim Bäcker, wie Kunden murmeln: »Ich bekomme fünf Brötchen.« Ohne Begrüßung, ohne bitte, ohne danke, ohne Augenkontakt. Darin liegt eine ungeheure Missachtung gegenüber den Menschen, die täglich viele Stunden hinter dem Verkaufstresen stehen und für unser leibliches Wohl sorgen. Viel zu häufig werden sie wie seelenlose Roboter behandelt. Dasselbe passiert auch Kellnern und vielen anderen in der Dienstleistungsbranche. Eine verletzende Geringschätzung macht sich breit, die Frust und schlechte Laune erzeugt.

Damit dürfte klar sein: Es geht mir nicht um antiquierte Manieren. Mich stört es nicht im Geringsten, wenn jemand den Fisch mit dem Messer isst oder nicht weiß, in welcher Reihenfolge man Menschen einander vorstellt. Solche verfeinerten Benimmregeln sind wohl eher ein Merkmal der gehobenen Gesellschaft. Mir geht es um etwas ganz anderes: Herzensbildung, Ritterlichkeit, Achtsamkeit. Und vor allem um Respekt.

Mit alldem ist es nicht weit her. Seit den 1960er-Jahren sterben die simpelsten Höflichkeitsformeln aus, weil viele junge Eltern glaubten, man müsste Kindern ihre Freiheit lassen. Sie müssten selbst herausfinden, welches Verhalten auf positive oder negative Reaktionen stößt. Bloß keine Umgangsformen, bloß kein Benimm, alles Schnee von gestern. Damals in den Sechzigern hatte das natürlich auch politische Gründe. Viele wollten sich von den verstaubten Umgangsformen lösen. Alles tote Konvention. So wurde das Kind mit dem Bade ausgeschüttet. Im Namen der Authentizität rief man die neue Lässigkeit aus. Füße auf den Tisch, Ellbogen ausfahren. Umgangsformen? Wozu denn? Ungezwungenheit hieß das neue Ideal, und das brachte man auch den Kindern bei.

Dabei ist Höflichkeit keine Folge von Dressur, sie ist die natürliche Fortsetzung einer Erziehung zum Gemeinsinn. Schließlich müssen wir irgendwie miteinander auskommen, in der Stadt sogar auf engstem Raum. Das funktioniert nur in erträglicher Weise, wenn jeder auf den anderen achtet – und ihn damit als menschliches Wesen achtet. Wenn viele Menschen zusammen sind, muss man sich buchstäblich »ins Benehmen setzen«. Genau daran hapert es leider.

Ein Grund für den Tunnelblick, mit dem heute die meisten

Leute unterwegs sind, ist ihre systematische Kommunikationsverweigerung. Sie wollen bloß keinen Kontakt und tippen lieber auf ihrem Smartphone herum. Das halten sie wahrscheinlich für Stressvermeidung. Dabei haben Forscher herausgefunden, dass bereits eine kleine freundliche Unterhaltung mit Wildfremden den Blutdruck senkt. Ein paar freundliche Worte, und schon ist für den Klimawandel im eisigen Luftzug der Anonymität gesorgt – weil wir nun mal soziale Wesen sind. Alle. Auch die, die andere wie Luft behandeln.

Wahrscheinlich sehnen sich sogar viele Leute nach ein wenig Wärme im Miteinander, wissen aber nicht, wie sie diese Wärme herstellen sollen. Bei Freunden und bei der Familie bekommen sie das vielleicht noch ganz gut hin, bei Fremden machen sie dicht. Sie sind schlicht unbeholfen, unsicher, deshalb verweigern sie jeden freundlichen Kontakt und werden in Situationen ungewollter Nähe schnell aggressiv. So mündet die Formlosigkeit in Sprachlosigkeit und endet unter Umständen bei Grobheiten. Wenn man dagegen die einfachsten Regeln und die Formen des Umgangs kennt, kann man auf jeden Menschen zugehen, selbst auf die finstersten. Ich habe noch nie Aggressionen erlebt, wenn ich jemanden höflich angelächelt oder die Tür aufgehalten habe. Jeder sehnt sich doch nach solchen kleinen Gesten, die dem oft knallharten Alltag eine weiche, entspannte Note geben.

Mit Höflichkeit kannst du dich in allen Situationen des Lebens bewegen. Sie ist wie ein hilfreicher Werkzeugkasten, aus dem du deine gespeicherten Umgangsformen hervorholst. »Aha, also doch erlernt und damit inhaltsleer?«, könntest du jetzt fragen. Jein. Erlernt – ja; inhaltsleer – keineswegs. Der

Vorteil von verinnerlichten Höflichkeitsgesten besteht darin, dass sie unabhängig von der Tagesform abrufbar sind. Du musst nicht lange nachdenken, ob du dem Nachbarn, dem Müllmann, der Kassiererin, der Blumenverkäuferin einen guten Morgen wünschst oder nicht. Du tust es einfach. Es kommt auch nicht auf deine Tagesform an, ob du dich bei der Post vordrängelst oder nicht – du lässt es grundsätzlich bleiben.

Solche verinnerlichten Formen geben Sicherheit und lassen dich besser durch den Alltag kommen. Dennoch ist es ein ziemlich unterschätztes Verhalten. Warum? Höflichkeit hat auch mit Demut zu tun, und die steht gar nicht hoch im Kurs. Jede Form der Höflichkeit ist ein freundliches Entgegenkommen. Dabei nimmt man sich ein wenig zurück – wenn man beispielsweise jemandem den Vortritt lässt. »Ja, wieso soll ich denn diesem Typen den Vortritt lassen?«, höre ich oft. »Der interessiert mich doch null!« Die Antwort ist ganz einfach: Wie mit der guten Laune kannst du auch durch Höflichkeit einen positiven kleinen Moment kreieren. Die meisten Menschen sind verblüfft, wenn du ihnen signalisierst: Hey, ich sehe dich, ich achte dich, und ich mache dir das Leben für einen Augenblick ein bisschen leichter. Davon habt ihr beide etwas. Deine Großzügigkeit und die angenehme Überraschung deines Gegenübers formen einen guten Moment.

Die meisten Menschen sind verblüfft, wenn du ihnen signalisierst: Hey, ich sehe dich, ich achte dich, und ich mache dir das Leben für einen Augenblick ein bisschen leichter.

Neben der Demut hat Höflichkeit einen weiteren Aspekt: Dankbarkeit. Sich bedanken ist ebenso ins Hintertreffen geraten wie viele andere Höflichkeitsformen. Im privaten Bereich wird zum Beispiel oft »vergessen«, sich nach einer Einladung zu bedanken. Da hat sich der Gastgeber so viel Mühe gegeben, hat eingekauft, gekocht und einen schönen Abend gestaltet, doch am nächsten Tag wartet er vergeblich auf eine Anerkennung. Dabei ist es so leicht. Man kann anrufen, eine Message schreiben, ganz aufmerksame Gäste schicken sogar Blumen. Aber so aufwendig muss es gar nicht sein. Die Geste zählt. Die Botschaft: Hey, ich nehme das nicht für selbstverständlich, deshalb zeige ich dir meine Wertschätzung mit einem Dankeschön.

Besonders schade ist die ausbleibende Dankbarkeit in Bereichen, wo andere professionell für uns da sind. »Die werden doch dafür bezahlt«, sagt man mir häufig. »Wieso soll ich mich denn bedanken?« Ja, warum? Weil die Dienstleistungsbranche zu den härtesten Berufsfeldern überhaupt zählt. Überall dort, wo Menschen Kundenkontakt haben, entstehen stressige Situationen, weil die Leute ihren gesamten Frust über Dienstleistern auskübeln. Die Kassiererin kann nichts dafür, wenn die Schlange vor der Kasse länger und länger wird. Der Paketbote hat keine Schuld, wenn das DHL-Päckchen mal wieder mit extremer Verspätung eintrifft. Trotzdem bekommen sie alles ab.

Wie wär's denn mal mit Anerkennung? Sich bei der Kassiererin im Supermarkt bedanken, dass sie tagein, tagaus den Laden am Laufen hält. Dem Paketboten zwischendurch mal Pralinen überreichen, weil er bei Wind und Wetter unterwegs ist und geduldig unsere Online-Einkäufe die Treppen hochschleppt. Oder dem engagierten Praxisteam beim Arzt ein, zwei Euro für die Kaffeekasse auf den Tresen legen. Nichts ist selbstverständlich. Alles ist einen Dank wert.

Zu den ganz simplen Höflichkeitsregeln gehört auch die Bitte um Verzeihung. Man kann durchaus mal ins Fettnäpfchen treten, doch man sollte sich immer dafür entschuldigen. Natürlich kann es passieren, dass man im Eifer des Gefechts mal jemanden anrempelt. Was ist so schwer daran, ein kleines »Verzeihung« zu sagen? Es wird einem ja ohnehin verziehen. Dafür bedarf es allerdings der Formen, die eben keine leeren Formeln sind. Man muss schon die Überzeugung in sich tragen, dass jeder das Recht auf eine gewisse Distanz hat und dass Anrempeln dieses Recht auf Distanz verletzt.

In diesen Kontext gehört auch die Diskretion. Es gibt Leute, die sich in fremden Wohnungen nahezu übergriffig verhalten. Ungeniert schnüffeln sie herum, blättern ohne Erlaubnis im Tagebuch des Gastgebers oder schauen in die Schränke. Man kann sich fast schon darauf verlassen, dass sie diese Distanzlosigkeit auch im Gespräch zeigen. Es ist unhöflich, jemanden bloßzustellen, indem man Intimitäten ausplaudert. Genauso unhöflich ist es, jemanden zu blamieren, dem irgendeine Peinlichkeit unterlaufen ist. Da ist viel Respektlosigkeit im Spiel.

So, und was machen wir jetzt? Ich gehe davon aus, dass du ein höflicher Mensch bist – höflich im Sinne der Herzensbildung. Probier doch mal aus, wie es sich anfühlt, wenn du sie einen Tag lang ganz bewusst praktizierst. Also nicht zufällig, wie 's gerade kommt, sondern quasi systematisch. Lass Menschen den Vortritt, halte ihnen Türen auf, bedanke dich bei allen, deren Dienste oder Freundschaftsdienste du in Anspruch nimmst. Ich prophezeie dir, dass es ein großartiger

Tag wird. Ein Tag voller guter Momente, in denen du kleine Wärmeinseln in der kalten Realität erschaffst. Du wirst staunen, wie sich auch dein eigener Alltag zum Positiven verändert.

II

Such die Stille

Wann es Zeit für einen Rückzug ist

Selbst nach all den Jahren wundere ich mich immer noch, dass ich wohl fast schon so etwas wie eine öffentliche Figur geworden bin. Gleichzeitig freue ich mich, dass ich so oft angesprochen werde, wirklich buchstäblich auf Schritt und Tritt. Es zeigt mir, dass ich nahbar rüberkomme. Berührungsängste gibt es jedenfalls gar nicht. Ganz egal, ob die Leute aus Rostock oder Singapur kommen, sie alle begrüßen mich wie einen langjährigen Freund, bitten um ein Foto und verwickeln mich in ein Gespräch. Das empfinde ich als große Bereicherung. So wie vor zwei Wochen, als ich durch den Berliner Konsumtempel KaDeWe schlenderte und ein etwa achtjähriger Junge auf mich zulief.

»Ich kenne dich!«, strahlte er. »Darf ich ein Selfie mit dir machen?«

»Oh«, einigermaßen verblüfft schaute ich in sein Kindergesicht, »woher kennst du mich denn?«

»Meine Eltern gehen immer ins Berghain tanzen, die haben dich da gesehen«, erzählte er aufgeregt. »Und dann haben sie mir ein Foto von dir auf Instagram gezeigt.«

Während er sein Handy hochhielt und wir beide in die

Kamera lächelten, sagte er noch, wie cool es seine Eltern fänden, dass ich immer in den Clubs unterwegs bin. Ich sei ein echtes Vorbild für seine Eltern. Das freute mich, es machte mich aber auch nachdenklich.

Ja, es ist wahr, in den sozialen Medien sieht man mich meist in Aktion: auf Dancefloors, Konzerten, Ausstellungen, Partys. Weniger sichtbar ist jedoch, dass ich bewusst Ruhezonen in mein Leben einbaue. Das fängt bei mir mit Kleinigkeiten an. Zum Beispiel beginne ich meinen Tag grundsätzlich offline. Weil ich eine Stunde brauche, um mein Handy zu suchen? Nein, weil ich ganz einfach finde, dass Auszeiten wichtig sind, auch im Alltag. Deshalb heißt es für mich: erst frühstücken, danach Zeitung lesen – dann erst aufs Handy schauen.

Sicher, ich tanke Energie durch die Bewegung. Wenn ich tanze, fließt die Energie durch mich hindurch. Genauso wichtig ist mir aber die Stille. In einer quirligen Stadt wie Berlin ist die natürlich nicht so einfach zu finden. Deshalb gehe ich – wie schon als kleiner Junge – regelmäßig dorthin, wo ich stumme Gesellschaft vorfinde: auf den herrlichen alten Friedhöfen mit ihren wunderschönen und teilweise pittoresken Grabmälern für bekannte und unbekannte Verblichene. Dort fühle ich mich sofort wohl, atme durch, halte Zwiesprache mit mir selbst.

Im vergangenen Jahr wurde ich von einer jungen Fernsehjournalistin um ein Interview gebeten, und sie fragte mich, wo wir uns verabreden könnten. Na, wo wohl? Ich musste nicht lange überlegen.

»Auf dem Friedhof«, sagte ich.

Sie war ziemlich perplex. Als wir uns dann ein paar Tage später am Eingangstor des Friedhofs trafen, wollte sie als

Erstes wissen, warum ich mir ausgerechnet diesen Ort ausgesucht hätte.

»Warum treffen wir uns hier? Was fasziniert dich so an Friedhöfen?«

»Na ja, die Berliner Parks sind voller Menschen; wenn man nicht aufpasst, wird man beim Spazierengehen von Fahrradfahrern bedrängt«, erklärte ich. »Hier suche ich die Ruhe, die ich in den Grünanlagen nur noch selten erlebe.«

»Aha.« Sie warf mir einen skeptischen Seitenblick zu. »Komisch, du wirkst gar nicht wie jemand, der auf Friedhofsruhe steht.«

»Genau deshalb, weil ich mich ins pralle Leben stürze, brauche ich einen Gegenpol«, erwiderte ich. »Es kann immer mal wieder passieren, dass ich merke: Irgendwie verliere ich gerade den festen Untergrund. Dann ziehe ich mich zurück.«

Während wir unter alten Bäumen an den Gräbern entlangschlenderten, ließen wir die Aura des Orts auf uns wirken. Nur von Ferne drang das Grundgeräusch der Stadt an unser Ohr, diese permanente Klangfläche aus Straßenbahnen, Autos, Lkws, Bussen. Hier hörten wir vor allem Vogelzwitschern. Das Gespräch, das sich anschloss, bekam dadurch eine besondere Qualität. Es ging sozusagen ans Eingemachte. Was ich der Journalistin offenbarte, war die unsichtbare Seite meiner öffentlichen Existenz.

Mittelmaß kommt für mich nicht infrage. Lieber exzessive Phasen, dann wieder Rückzug und Ruhe. Bei mir steht der Rückzug immer dann an, wenn ich den Eindruck habe, dass mein Leben zu hektisch wird. Es gab häufig Phasen, in denen ich spürte, dass ich mir abhandenkam, durch zu viel Action, zu viele Ablenkungen. Das urbane Leben und nicht zuletzt die Arbeit verlangten mir viel Kraft und Disziplin ab. Es war damals anstrengend, stundenlang als Koch am Herd zu stehen. Sobald ich freihatte, suchte ich Zerstreuung. Ich ging ins Theater, zu Vernissagen, Partys, weil ich mich »belohnen« wollte, mit Kicks, die aber letztlich genauso anstrengend waren. In jüngeren Jahren fiel mir dieser Widerspruch noch nicht so auf. Doch irgendwann stellte ich fest: Wenn man meint, man müsste überall dabei sein, erzeugt das einen enormen Druck. Dann reagiert man wie ferngesteuert auf jede sich bietende Ablenkung. Plötzlich merkte ich, dass ich Dingen hinterherrannte, die eigentlich gar nicht wichtig waren. Ich spürte mein Fundament nicht mehr. Also fragte ich mich: Was tut mir wirklich gut?

Lange hatte ich diese Frage ignoriert. Durch die Dauerbespaßung von außen hatte ich mich quasi aufgelöst. Ich spürte nur noch die Erschöpfung, die mich befiel. Was hatte ich falsch gemacht? Warum fühlte ich mich so leer und ausgebrannt? Heute weiß ich, dass die »Belohnung« nur von innen kommen kann. Es war ein ziemlich langwieriger, auch schmerzhafter Erkenntnisprozess. Ich musste in die freiwillige Selbstisolation gehen, um meine Prioritäten neu zu sortieren und wieder Lebensfreude zu empfinden. Wenn ich eines daraus gelernt habe, dann die Gewissheit: Das Fundament findest du nur in dir selbst.

Meine letzte tiefe Erfahrung dieser Art liegt jetzt gut zehn Jahre zurück. Es war eine schwierige Zeit. Ich musste den Schicksalsschlag eines Unfalls verkraften, der mich körperlich und auch seelisch aus der Bahn geworfen hatte. Ein Auto hatte mich angefahren, während ich auf einer Verkehrsinsel stand. Mit schweren Verletzungen kam ich ins Krankenhaus und erholte mich nur langsam. Danach versuchte ich, an meinen extrovertierten Lebensstil anzuknüpfen. Aus mir unerklärlichen Gründen fand ich jedoch keinen Gefallen mehr daran. Ich war überreizt, es wurde mir alles zu viel. Etwas stimmte nicht. Nur was?

Oft dachte ich nun an den schon länger zurückliegenden Ablösungsprozess von meiner Tochter, den heftige Konflikte begleitet hatten. Wie aus heiterem Himmel hatte Valesca alles infrage gestellt, auch meinen Erziehungsstil. In den 1970er-Jahren war die antiautoritäre Pädagogik aufgekommen, man betrachtete Kinder als Partner, jede Kleinigkeit wurde ausdiskutiert. Auch ich wollte, dass Valesca meine Entscheidungen verstand. Als Nachkriegskind war ich in einer Familie mit einem restriktiven Erziehungsstil groß geworden. Deshalb wollte ich der verständnisvolle Erklärer sein. Jetzt gestand mir meine Tochter, dass ihr das ziemlich auf den Keks gegangen sei. Obendrein wollte sie mit einem jungen Mann zusammenziehen, der mir viel zu konservativ, sogar unangenehm autoritär erschien.

Plötzlich stritten wir. Obwohl ich mich damit tröstete, dass solche Auseinandersetzungen mit den Eltern zum Erwachsenwerden dazugehören, trafen mich die Streitigkeiten aufs Empfindlichste. Und da waren sie wieder, meine alten Selbstzweifel, meine Ängste und Verunsicherungen. Bald darauf geriet ich in eine tiefe Depression.

Auch in jener schweren Zeit standen meine Freunde hinter mir, und nach meinem Unfall streckte das Leben erneut seine Hand nach mir aus, um mir eine Chance zu geben. Zwei gute Bekannte erzählten mir, sie hätten ein Haus am See in Mecklenburg-Vorpommern, das meistens leer stehe. Gern könnte ich eine Weile, auch ein Jahr lang, im Gästetrakt wohnen, einer kleinen Zweizimmerwohnung.

Ja, eine Auszeit, dachte ich, genau die brauche ich jetzt. Runterkommen, Tafel wischen, nachdenken. Also packte der passionierte Städter ein paar Sachen zusammen und fuhr mit Kater Paule aufs Land, irgendwo ins Nirgendwo Mecklenburg-Vorpommerns. Von hundert auf null – ob das gut gehen würde? Ohne Freunde, ohne Ablenkungen, ohne das städtische Getriebe? Was ich nicht mal ahnte: Es sollten die zwei glücklichsten Jahre meines Lebens werden.

Das Haus am See entpuppte sich als ein kleines bescheidenes Häuschen. Ein Radio, ein Fahrrad, kein Fernseher, keine Nachbarn weit und breit. Nur Sonne, Wind und Wolken und jede Menge Landschaft. Genauso hatte ich es mir gewünscht. Eine meiner ersten Tagebucheintragungen lautete: »Jetzt werde ich versuchen, nur aus mir selbst heraus zu leben und nicht fremd gelebt zu werden.«

Aufatmend ließ ich mich in das stressbefreite Landleben fallen. Ich ging spazieren, unternahm Radtouren, fütterte meinen Kater Paule, hackte Holz, grub im Wald Veilchen aus, die ich im Garten hinter dem Haus einpflanzte. Manchmal sprach ich eine ganze Woche lang mit niemandem. Wenn ich einkaufen wollte, musste ich bei Wind und Wetter dreißig Kilometer weit ins nächste Dorf radeln. Schon nach kurzer Zeit hatte ich Beine wie Beton, weil die Sternberger Seenlandschaft unerwartet hügelig war. Gleichzeitig verlor ich das Zeitgefühl. Der Moment wurde wichtiger als die Uhr. Es gab nichts, was einen Gedanken gleich wieder zum nächsten jagte. Kein Augenblick entglitt mir, die Sekunden kamen und gingen in faszinierender Langsamkeit. Dadurch nahm ich alles überdeutlich wahr.

Viele träumen von einem einfachen Leben, meines wurde in dieser Zeit gleichermaßen einfacher wie reicher. Oft beobachtete ich einfach nur die Natur im Wechsel der Jahreszeiten. Was für ein großes Kino! Wenn man sich selber ruhigstellt, erlebt man die Natur ganz neu. Kurz nach meiner Ankunft im Dezember notierte ich ins Tagebuch: »Raureif hat die Wiese verzaubert. Der See liegt wie ein silbernes Tischtuch ohne Falten vor meinen Augen. Die aufgehende Sonne dekoriert das Seetischtuch mit verschwenderischen Rot-Rosa-Tönen.« So intensiv hatte ich noch nie hingeschaut. Später, im Frühling, stand ich oft heulend in den gelb blühenden Rapsfeldern, so ergriffen war ich von der Schönheit dieser Farbexplosion, über der die dicken Mecklenburger Wolken dahinsegelten. Plötzlich erfüllte mich tiefe Dankbarkeit, dass ich lebte und all das in mich aufnehmen durfte.

In dieser Zeit merkte ich, wie laut Stille sein kann. Ich dachte über mein Leben nach, ich schaute in die dunkelsten Ecken meiner Seele, und die revanchierte sich durch verstörende Träume. Ein bestimmter Traum erschütterte mich besonders. Darin wurde ich von einem attraktiven Mann verfolgt. Er schaute mich mit großen Augen an, und auch ich spürte eine große Anziehungskraft. Je eindringlicher er sein Interesse zeigte, desto abweisender verhielt ich mich jedoch. »Es tat mir weh«, vertraute ich meinem Tagebuch an. »Ich hatte Sehnsucht nach Zuwendung und Berührung. Aber man sollte mich nicht lieben, ich fand, ich sei es nicht wert. Diese verqueren Gefühle zwischen unterdrücktem Wunsch und dem Wunsch nach Annäherung kenne ich ja aus dem wirklichen Leben.«

Noch lange beschäftigte mich dieser Traum. Ich weinte über mein negatives Selbstbild, über meine Unfähigkeit,

Liebe anzunehmen, sei es von Freunden oder von einem Partner. Meine Augentalsperren liefen über, die inneren Dämme brachen, ich wurde von einem Strom der Gefühle mitgerissen. Ich wollte mich so gern mit mir aussöhnen, konnte es aber nicht. So stellte ich mich meinem Schmerz, beweinte mich, versuchte, mich zu spüren. Manchmal fuhr ich viele Stunden durch eisigen Regen, um mich auszupowern. Wenn ich dann erschöpft und durchgefroren in das Haus am See zurückkehrte, merkte ich, dass ich Ballast abgeworfen hatte.

Monate vergingen, bis es mir gelang, wieder an meinen eigenen Wert zu glauben. Allmählich verschwanden auch meine Ängste und meine Verzagtheit. Selbst meine Vergangenheit schien mir gar nicht mehr so niederschmetternd zu sein. Ich veränderte meinen Blick auf mich selbst, ich söhnte mich mit mir aus. Darüber führte ich weiter Tagebuch, was ich nur jedem empfehlen kann. Wie selten reflektiert man ernsthaft sein Leben, um das Wichtige herauszufiltern und das Unwichtige hinter sich zu lassen. Dabei versteht man das Leben immer erst rückblickend. Erst wenn der Trubel verstummt und Stille einkehrt, ist man in der Lage, eine Bilanz zu ziehen: Wie ist es bisher gelaufen? Wie stellst du die richtigen Weichen für die Zukunft?

Ich lernte, dass Stille ein Geräusch ist, das man selbst gestalten kann. Loslassen vom Gewohnten, Platz schaffen für Neues, für frische Gedanken, unbekannte Wege. Auch bei meinen Spaziergängen suchte ich immer nach unbekannten Wegen. Auf meinen Streifzügen durch die Umgebung stiefelte ich durch moosige Wälder, marschierte querfeldein über die Äcker oder kletterte auch mal durch kratzende Hagebuttensträucher. Im konkreten wie im übertragenen Sinne verließ ich die üblichen Trampelpfade. »Bei diesen Gängen stolpert man über seine eigene Seele«, schrieb ich ins Tagebuch.

Meine einzige Ablenkung war das Radio, eine Wiederentdeckung. Zu Kinderzeiten war ich Radio-Fan gewesen, und ich hatte völlig vergessen, was für fesselnde Hörspiele es gibt. Mehr brauchte ich nicht, um den Kontakt nach draußen zu halten. Auch Telefonate führte ich kaum. Selten kam mal Besuch vorbei. Es ist faszinierend, wie wenig man braucht, wenn man sich aufs Wesentliche konzentriert. Ich war einfach offen, stellte Herz und Seele auf Empfang und freute mich an den kleinen Dingen. Barfuß über eine Wiese laufen. Einen Schwarm Wildgänse beobachten. Ein Schwätzchen am Bäckerwagen, der einmal in der Woche vor dem Haus hielt. Alles war entschleunigt.

Eines Abends hörte ich im Radio eine Sendung, in der behauptet wurde, 98 Prozent unserer Gedanken seien Wiederholungsschleifen. Innerlich stimmte ich sofort zu. In Berlin hatten sich meine negativen Gedanken in quälenden Wiederholungsschleifen verfangen. Jetzt änderte sich das. Mein verhärteter Geist verflüssigte sich, ich wurde durchlässig für neue Gedanken und Gefühle und tastete mich an die unterschiedlichsten Empfindungen heran. Zu meiner größten Verblüffung fühlte ich mich auf einmal wohl mit mir.

Als ich nach zwei Jahren Einsiedelei nach Berlin zurückkehrte, war ich von allem befreit, was mich blockiert hatte. Ich konnte mich selbst wieder besser annehmen, und ich war gelassener geworden. Vorher hatte ich eine Alles-oder-nichts-Mentalität gehabt: Entweder du schaffst alles, was du dir vorgenommen hast, oder du musst dich für gescheitert erklären. Jetzt war ich pragmatischer geworden. Ich sah ein, dass vieles, was ich mir abverlangt hatte, eine völlige Selbstüberforderung gewesen war – von einfachsten Alltagsaufgaben bis zu den Ansprüchen, die ich in Beziehungen an mich stellte.

Ich kann nur jedem raten, das Wechselspiel aus Aktivität und Ruhe bewusst ins Leben zu integrieren. Das erfordert Selbstbeobachtung und Selbstliebe. Dummerweise hat Selbstliebe einen ziemlich schlechten Ruf, weil sie leicht mit Egoismus und Narzissmus verwechselt wird. Hinzu kommt, dass viele von uns mit Augen-zu-und-durch-Parolen groß geworden sind. Mit Sätzen wie: »Stell dich nicht so an«, »Nimm dich doch nicht so wichtig«, »Denk als Erstes an die anderen, zuletzt an dich«. Es macht aber keinen Sinn, wenn du sagst: »Ich habe ein großes Herz, ich will nur für andere da sein.« Sag lieber: »Ich bin es wert, mir das Leben schön zu machen, meinen eigenen Wert zu erkennen und zu feiern.« Erst dann kannst du auch anderen etwas geben.

Bewahre dir ein Gespür dafür, wann alles zu viel wird. Entwickele ein Sensorium für deine Grenzen. Mute dir nicht zu viel zu. Wenn du das Gefühl hast: Jetzt geht gar nichts mehr, dann geh in dich! Zieh sofort die Notbremse, und gib der Reflexion Raum. Sei vor allem nicht so hart zu dir selbst. Lerne, dir zu verzeihen, dass all die Ansprüche – seien sie selbst gemacht oder von außen kommend – immer nur im menschlichen Maß zu bewältigen sind. Verlass dich darauf, dass dich mitten in der Stille irgendwann ein Erkenntnisblitz durchzuckt und als positiver aufbauender Gedanke Gestalt annimmt. Dann kannst du die innere Tafel wischen und eine Liste all der Dinge anlegen, die dir wirklich wichtig sind.

*Bewahre dir ein Gespür dafür,
wann alles zu viel wird. Entwickele ein Sensorium
für deine Grenzen. Mute dir nicht zu viel zu.*

Nimm dir einen Tag im Monat, der nur dir gehört. Noch besser wäre es, wenn du das einmal pro Woche schaffst. An diesem Tag ist alles anders. Du triffst niemanden, den du kennst, stattdessen konzentrierst du dich ganz auf dich selbst und kümmerst dich auch nur um dich selbst. Es geht dabei keineswegs darum, andere vor den Kopf zu stoßen, sondern nur darum, dass du dir selbst begegnest. Stell dich selbst in den Mittelpunkt, ohne funktionieren zu müssen. Sei nicht Mama, Papa, Freund, Freundin, Kollege, Kumpel, sei einfach DU.

Diese Quality-Time, in der du dich mit dir selbst verabredest, bringt dich möglicherweise erst mal in Verlegenheit. Du denkst: Und nun? *Was mache ich denn jetzt mit dieser Zeit?* Wir sind es so sehr gewohnt, die Tage mit etwas »Sinnvollem« zu füllen, dass wir verlernt haben, nach unserem persönlichen Sinn zu forschen. Riskiere ruhig, dass du dich erst mal langweilst. Oder dass dir die Decke auf den Kopf fällt. Dann geh raus. Irgendwohin. Lauf durch die Straßen, lass dich treiben, setz dich auf eine Parkbank, mach alles, was dir spontan einfällt. Vielleicht hast du ja Lust, dir dann ein paar Fragen zu stellen.

Wie hast du bisher dein Leben gestaltet? Bist du wirklich du oder das Produkt von Erwartungen? Sind deine Gedanken und Gefühle echt oder nur schlechte Kopien? Kannst du auf die vergangenen Jahre mit Freude, Stolz und Genugtuung zurückschauen? Hast du aufrichtig geliebt und Menschen in dein Inneres blicken lassen? Hast du ihnen zugehört, ihnen

Aufmerksamkeit, Geduld und Kraft geschenkt? Hast du die Funken des Lebensfeuers gespürt, bevor du dereinst zu Asche wirst?

Versöhne dich, tröste dich, liebe dich, nimm dich selbst in den Arm. Auch das habe ich damals in mein Tagebuch geschrieben. Sich selbst zu begegnen, sich selbst wichtig zu nehmen, kostet viel Kraft, aber es kann auch verdammt stark machen.

12

Raus aus der Grauzone

Wann es befreiend ist, Haltung zu zeigen

Man muss nicht alles Private nach außen tragen. Niemand zwingt dich, deine sämtlichen Erfahrungen und Überzeugungen auszuposaunen. Doch es gibt Themen, bei denen man seine Gesinnung zeigen und Rückgrat beweisen muss. In Zeiten der Shitstorms und der Diffamierung Andersdenkender ist das umso wichtiger. Man darf sich nicht dauerhaft unter dem Deckmantel der Toleranz verstecken, wo es zwar warm und bequem ist, wo aber auch das Desinteresse lauert. Ich sage oft: Die Toleranz wächst mit der Entfernung zum Problem.

Falsch verstandene Toleranz hindert uns daran, klare Standpunkte zu transportieren. Wenn mir Leute sagen, dass Worte töten können, entgegne ich: »Schweigen aber manchmal auch.« Ja, nicht umsonst kennen wir das Wort »totschweigen«. Geht es um brisante Themen wie die Diskriminierung von Minderheiten, müssen wir Flagge zeigen. Vor allem müssen wir miteinander reden, unbedingt. Es ist zwar selten, dass mich jemand beispielsweise nach meinem Liebesleben fragt, aber wenn es geschieht, weiche ich nicht aus. Vieles ist immer noch mit Scham besetzt, dennoch kann ich heute darüber sprechen. So wie unlängst in einem Club, als das Thema Liebe aufkam.

»Ich liebe Männer«, antwortete ich auf die etwas verklausuliert gestellte Frage. »Das trage ich zwar nicht dauernd nach draußen, aber wenn 's drauf ankommt, stehe ich dazu. Immer schon.«

»Ist doch eigentlich nichts Besonderes.« Der Typ, mit dem ich mich unterhielt, zuckte die Schultern. »Irgendwie gehört das doch schon zur Normalität.«

»Ja, Gott sei Dank«, gab ich ihm recht. »Doch meine Generation hat hart dafür kämpfen müssen.«

»Wie jetzt – kämpfen?«, schmunzelte er. »Feiern auf dem Christopher Street Day?«

»Das kam erst später.« Auch ich schmunzelte, weil ich an den letzten CSD denken musste – zwölf Stunden tanzen auf einem partyseligen Clubwagen bei knapp vierzig Grad Hitze. Dann wurde ich wieder ernst. »Mein Coming-out hatte ich in einer Zeit, als Homosexualität für viele Leute noch eine Krankheit war. Gerade deshalb bin ich ganz offensiv damit nach draußen gegangen. Vor dir steht eines der ersten Mitglieder des Vereins ›Schwule Väter‹.«

»Du bist schwul und – Vater?« Er riss die Augen auf. »Hast du etwa ein Kind adoptiert?«

Offenkundig war er so jung, dass er sich gar nicht mehr vorstellen konnte, wie die Welt noch vor wenigen Jahrzehnten aussah, ohne gleichgeschlechtliche Ehe, ohne das Adoptionsrecht für Schwule und Lesben. Also holte ich weiter aus.

»Viele Männer entdecken ihre Homosexualität erst spät«, erklärte ich. »Manche haben sie auch jahrelang unterdrückt oder verheimlicht. Wenn sie dann schon Familien mit Kindern haben …«

»… ist das Outing ein Riesenproblem«, vervollständigte er meinen Satz. »War es bei dir so?«

»Genau. Darum war ich in einer Selbsthilfegruppe ›Schwule Väter‹.«

Ja, so fing das an. Mit sporadischen Gruppentreffen, bei denen wir von unseren Erfahrungen berichteten. Ich stellte fest, dass es noch mehr Männer wie mich gab, die erst einmal von Schuldgefühlen und Selbstzweifeln gebeutelt wurden. Letztlich saß man ja auch zwischen allen Stühlen. Die Heterowelt schlug die Hände über dem Kopf zusammen: »Was, du bist schwul?« Die Schwulen hatten genauso Probleme damit: »Was, du hast ein Kind?«

Mit dem Verein »Schwule Väter« wollten wir sichtbar sein, um auch andere Betroffene aus ihrer Isolation herauszuholen. Die Treffen waren ungeheuer bewegend. Oft flossen Tränen. Beispielsweise wurde einem Vater von seiner Frau verboten, weiterhin seinen kleinen Sohn zu sehen – wegen der angeblichen Gefahr, die von einem Homosexuellen ausgehe. Großen Wert legte ich darauf, dass auch die Ehefrauen von Zeit zu Zeit eingeladen wurden. Nicht jeder schwule Vater wollte sich von seiner Familie trennen, also ging es dann um die heikle Balance zwischen Familienleben und schwulem Leben.

Zweimal im Jahr trafen wir uns für ein paar Tage im »Waldschlösschen« nahe Göttingen. Aus der ganzen Republik reisten schwule Väter an, viele heimlich, ohne Wissen ihrer Familie. In den Anfängen hatten diese Wochenenden den Charme einer Jugendherberge mit integriertem Selbsterfahrungskurs. Wir nächtigten in großen Schlafsälen, tagsüber tauschten wir uns über die verwirrenden Gefühlsstürme und Krisensituationen aus. Wir bildeten Arbeitsgruppen für die unterschiedlichen Konstellationen, damit jeder seine persönlichen Probleme artikulieren konnte. Bald entstanden Ableger des Vereins in vielen anderen Städten und warben nun bundesweit für mehr Aufklärung und Verständnis.

Auch ich versuchte, im Namen der Aufklärung das Thema »schwule Väter« in die Öffentlichkeit zu tragen. Im Jahr 1989 gaben Valesca und ich der Zeitschrift *Viva* ein Interview, sogar mit Fotos. Ganz offen erzählten wir aus unserem Alltag. Zum Beispiel, wie mir Valesca einmal ein selbst gemaltes Bild mit zwei Männern und zwei Herzen auf die Bettdecke gelegt hatte. Oder wie sie mit meinem Liebesleben umging.

Valesca erlebte mich als Vater mit Schürze in der Küche und mit Männern im Bett. Für sie war das kein Widerspruch, sondern Normalität. Unsere Wohnung war immer tipptopp aufgeräumt, sodass ihr sofort auffiel, wenn unbekannte Herrenschuhe im Flur standen. Dann spazierte Valesca schon mal am frühen Morgen in mein Schlafgemach, baute sich vor dem Bett auf und sagte herausfordernd: *»Tach.«* Bevor sich mein Lover bestürzt die Bettdecke über den Kopf ziehen konnte, fügte sie hinzu: »Ich bin Valesca, und wer bist du?« Sie amüsierte sich köstlich über die krampfigen Reaktionen, die aber schnell in Begeisterung über dieses offene Vater-Tochter-Verhältnis umschlugen.

Das Interview war ein Wagnis. Wir gaben viel Privates preis, fast intime Einblicke in unser sehr spezielles Leben. Doch auch das gehörte zu dem Weg, den ich eingeschlagen hatte: von meinem Alltag als schwuler Vater zu berichten, um homosexuelle Väter zu ermutigen, Flagge zu zeigen, um für das Verständnis einer breiteren Öffentlichkeit zu werben.

Im September 1993 erschien ein Artikel über das Thema im Nachrichtenmagazin *Der Spiegel*, auch Valesca und ich kamen darin vor. »Abartig? Grotesk?«, fragte der Autor. »Was immer die Sachwalter der christlich-abendländischen Moral davon halten mögen, wenn Kinder von Eltern erzogen werden, die ihre Lebenspartner beim eigenen Geschlecht suchen: Es gibt sie längst, die homosexuellen Familien.« Das war ein Paukenschlag. Unzählige Zuschriften überschwemmten die Redaktion, wütende wie zustimmende. So wurde Alfred Biolek auf uns aufmerksam, der damals die mit Abstand populärste Talkshow des deutschen Fernsehens moderierte.

Als mir eine Einladung zu »Boulevard Bio« ins Haus flatterte, war ich ganz schön aufgeregt. Den *Spiegel*-Artikel hatte kaum jemand gelesen, aber bei »Boulevard Bio« saß halb Deutschland vor dem Fernseher. In meinem privaten Umfeld wussten alle Bescheid. Aber wie würden meine Arbeitskollegen reagieren? Wie die Öffentlichkeit?

Anfang der 1990er-Jahre war es mit der Akzeptanz von Schwulen noch nicht weit her und ein öffentliches Comingout nicht unbedingt empfehlenswert. 1991, zwei Jahre vorher, hatte Rosa von Praunheim den Publikumsliebling Hape Kerkeling in der RTL-Sendung »Explosiv – Der heiße Stuhl« als schwul geoutet – in Abwesenheit und gegen den Willen von Hape Kerkeling. Auch Biolek war von Rosa von Praunheim in dieser Sendung geoutet worden, was für einen Riesenwirbel sorgte. »Pfui, Rosa! Schwulenverrat im TV«, so titelte die *Bild*-Zeitung: »3,2 Millionen Deutsche wurden Zeuge des unglaublichen TV-Skandals.«

Demgegenüber war »schwul mit Kind« sogar ein noch größeres Tabuthema. Prompt stiegen die alten Ängste vor Ablehnung wieder in mir hoch. Dann siegte jedoch meine

Überzeugung, dass man Farbe bekennen muss, wenn 's drauf ankommt. Durch die vielen Gespräche im Verein »Schwule Väter« wusste ich ja, wie dringend nötig unsere Aufklärungsarbeit war. Bei Biolek konnte ich ein Millionenpublikum erreichen, also sagte ich zu. Das Großartige war: Meine Exfrau und meine Tochter willigten ein, ebenfalls teilzunehmen. Valesca war fünfundzwanzig und gerade Mutter meines ersten Enkels geworden, als wir zu dritt nach Köln reisten. Das Thema der Talkshow vom 19. Oktober 1993 lautete ganz schlicht: »Mein Vater ist schwul.« In aller Offenheit sprachen wir dort über unsere Erfahrungen, auch über die verletzten Gefühle der Familie. Nichts wurde geschönt, alles kam auf den Tisch.

Zwei Tage später fuhr ich morgens mit wild klopfendem Herzen zur Arbeit. Wieder fragte ich mich, wie die Kollegen, denen ich nie etwas offenbart hatte, auf meinen Auftritt bei Biolek reagieren würden. Alles schien möglich, von eisigem Schweigen bis zu abfälligen Bemerkungen. Mit gemischten Gefühlen öffnete ich die Küchentür.

Was mir dann widerfuhr, werde ich nie vergessen: Meine sämtlichen Kollegen hatten sich bereits versammelt und spendeten mir Applaus. Sie beglückwünschten mich zu meinem Mut und überreichten mir sogar Blumen. Ich war sprachlos. Niemals hätte ich mit solch einem positiven Echo gerechnet. Man akzeptierte mich nicht nur, man feierte mich? Da hatte ich solch eine riesige Angst vor Ablehnung gehabt, und nachdem ich mich endlich gezeigt hatte, wie ich war, wurde ich dafür belohnt? Verstohlen wischte ich mir eine Träne aus dem Augenwinkel. Und dann spürte ich plötzlich eine ungeheure Euphorie: Wow, es ist befreiend, Haltung zu zeigen!

Dieses Erlebnis war ein Meilenstein für mich. Und es ermutigte mich, den Betroffenen weiterhin zu signalisieren: Hey, du musst nicht in der Selbstverzwergung landen, weil du denkst, dass du zum Außenseiter verdammt bist; du bist nicht allein, wir sind viele, und wir können uns gegenseitig helfen.

Es schlossen sich noch viele weitere Gelegenheiten an, aktiv zu werden. Und mein Engagement beschränkte und beschränkt sich keineswegs nur auf meine eigenen Belange. Wann immer möglich und nötig, wende ich mich gegen jegliche Form von Hass, Gewalt und Diskriminierung, gegen Rassismus, Antisemitismus und Homophobie.

Es ist wichtig, eine klare Position einzunehmen. Genauso wichtig ist es aber auch, anderen zuzuhören. Sofern es nicht um menschenverachtende Diffamierungen geht, sollte man immer gesprächsbereit bleiben. Wenn mir die Meinung des anderen nicht passt, muss ich das aushalten. Verständnis ist wichtiger als Rechthaben, Vielfalt ist wichtiger als Prinzipienreiterei. Man muss sich nicht immer einig sein, manche Dinge kann man auch einfach so stehen lassen. Demokratie ist weder ein Harmonieverein noch ein Kuschelkurs, sondern ein Ringen um Inhalte. Es gibt nicht nur Schwarz und Weiß. Die Welt ist voller Grautöne. Es geht darum, Kompromisse zu finden, auch wenn 's schwerfällt. Dafür müssen wir unsere ganz persönliche Meinungsblase verlassen.

Trau dich, über das zu diskutieren, was dir am Herzen liegt. Mach dir zumindest die Mühe, den anderen Menschen zu begreifen, und hör nicht auf, mit Andersdenkenden zu reden, obwohl du meinst, das bringe nichts. Wenn wir nur übereinander reden statt miteinander, überlassen wir unsere

Gesellschaft denen, die polarisieren wollen. Wenn wir verstummen, sprechen nur noch Hass, Gewalt, Abneigung, Verachtung, Wut.

Trau dich, über das zu diskutieren,
was dir am Herzen liegt.

Demgegenüber haben wir die Chance, respektvoll miteinander zu leben – jeder mit seinem eigenen Blick auf die Dinge des Lebens, aber gemeinsam getragen von der Achtung gegenüber dem anderen, egal, wer er ist, was er ist, wen er anbetet. Nur dann haben wir hier gemeinsam eine Zukunft. Ich werde jedenfalls nie aufhören, daran zu glauben.

13

Mach dir deine Endlichkeit bewusst

Wie ich eine Urnen-WG gründete

Wenn ich manchmal in der U-Bahn sitze und die leeren emotionslosen Gesichter um mich herum betrachte, möchte ich am liebsten rufen: »Hey, was ist mit euch los? Ihr seht so grimmig aus! Wolltet ihr lieber tot sein?« Bestimmt würden sie alle »Nein!« schreien, und dann würde ich sagen: »Na, dann lebt doch!«

Das Verrückte ist: Alle haben Angst vor dem Tod, obwohl man besser Angst haben sollte, vorher nicht gelebt zu haben. Schon komisch, dass man das extra betonen muss. Dabei weiß doch jeder: Das Leben ist lang, unendlich ist es nicht. Hier kommt keiner lebend raus! Mir macht der Tod keine Angst, im Gegenteil. Zum einen lebe ich deshalb viel bewusster, zum anderen habe ich beschlossen, ihm eine Gestalt zu verleihen. Bezeichnenderweise war es eine Begegnung im Berghain, die mich dazu inspirierte.

Wie meistens am Sonntagmorgen erwies ich in der Kathedrale des Tanzes dem Leben meine Reverenz. In einer Tanzpause kam ich mit einem Mann ins Gespräch – und so skurril sich das anhören mag: Mitten im quirligen, dampfenden, stampfenden Leben sprachen wir auf einmal über den Tod.

»Ich habe dich beobachtet«, lächelte der Typ. »Mann, Mann, bist du gut drauf. Wie kommt das?«

»Na ja«, ich zog meinen Fächer aus der Hosentasche und fächelte mir Kühlung zu, »ich lebe einfach.«

»Jeder lebt«, entgegnete der Typ. »Aber nicht so wie du.«

»Vielleicht liegt es daran, dass ich mir der Endlichkeit meines Lebens bewusst bin. Gerade das macht jeden einzelnen Moment so kostbar.«

»Ach nee«, mein Gegenüber zog erstaunt eine Augenbraue hoch, »denkst du denn öfter über den Tod nach?«

»Ja, aber nicht als etwas Schreckliches«, antwortete ich. »Eher als eine Challenge, etwas aus der verbleibenden Zeit zu machen.«

»Und – hast du schon ein Grab?«

Mit dieser Frage brachte er mich nun doch ein wenig aus der Fassung. Verwirrt sah ich ihn an.

»Ich betreue die historischen Gräber auf dem Alten St.-Matthäus-Kirchhof«, erklärte er. »Es gibt dort wunderbare Gräber, für deren Pflege ich verantwortlich bin.«

»Das ist ja ein toller Zufall!«, rief ich. »Ich gehe nämlich liebend gern auf alte Friedhöfe!«

Wenig später verabredeten wir uns für einen gemeinsamen Spaziergang. So entdeckte ich den Alten St.-Matthäus-Kirchhof in Schöneberg, wo unter anderem die Gebrüder Grimm und der Sänger Rio Reiser begraben liegen. Was für ein idyllischer Ort. Mein Bekannter aus dem Berghain erzählte mir, dass man Patenschaften für historische Gräber übernehmen könnte; sofern man die Kosten für die Restaurierung trug, dürfte man sich dann auch dort begraben lassen. Obwohl ich immer auf dem Stahnsdorfer Friedhof anonym unter einem Baum bestattet werden wollte, änderte ich spontan meine

Meinung, als ich ein wunderschönes Grab auf einer kleinen Anhöhe sah. Auf dem Grabmal aus dunklem schwedischen Granit standen in Goldlettern verschiedene Namen. Ein Günther war dabei, und eine Frau war genau in dem Jahr gestorben, in dem ich geboren wurde. Das waren gleich zwei Winke des Schicksals.

»Sag mal, könnte ich Pate für dieses Grab werden?«, fragte ich.

»Na klar, es ist aber ein großes Grab, ausgelegt für sechs Personen.«

Daraufhin sprach ich mit meinen engsten Freunden. »Was haltet ihr von einer Urnen-WG?« Sie waren alle begeistert von der Idee. So entschieden wir uns für die wunderschöne Grabstelle auf dem Hügel. Sechs Leute haben dort Platz: zwei Särge und vier Urnen, und selbst das passte, denn zwei Freunde wollten Erdbestattungen, vier bevorzugten Urnen. Es sollte wohl so sein. Makaber? Vielleicht. Aber wie tröstlich ist der Gedanke, dereinst die letzte Reise mit Menschen anzutreten, die ich mag! Wir säten Rasen aus, pflanzten Krokusse und ließen auf unsere Kosten den Obelisken aus schwedischem Granit restaurieren.

Bei Rio Reiser lagen Plüschtiere auf dem Grab, deshalb fragte ich meine Freunde: »Sind wir uns einig, dass wir keinen Friedhof der Kuscheltiere daraus machen wollen?« Sie stimmten mir zu. Bloß keinen Kitsch, auch nicht nach unserem Ableben. Als alles fertig war, verabredeten wir uns zum »Probeliegen« – wir veranstalteten ein Picknick mit Champagner auf unserem WG-Grab.

Ich weiß nicht, wie es sein wird, wenn die Stunde des Todes kommt. Aber wenn ich daran denke, macht es mich eher fröhlich, weil ich weiß, dass ich an diesem schönen Ort sein werde, im Kreise meiner Lieben. Die Sache mit dem Grab ist symbolisch für mich, denn eine wichtige Quelle meiner Lebensfreude ist das Bewusstsein, dass meine Zeit auf dieser Erde begrenzt ist. Je älter ich werde, desto deutlicher steht mir diese Tatsache vor Augen.

Für mich ist der Tod ein Faktum, mit dem ich mich jedoch schon lange beschäftige. In den 1980er-Jahren arbeitete ich zwei Jahre lang in der Sterbebegleitung Aidskranker. Es war eine sehr wichtige, sehr emotionale und auch belastende Aufgabe. Damals waren wir noch unsicher, auf welchem Weg man sich ansteckt. Andererseits war mir klar, dass man die Kranken nicht allein lassen durfte. Es erschütterte mich zu sehen, dass viele schon mit Mitte dreißig starben. Nicht zuletzt zeigte mir die Arbeit, wie fragil das Leben ist, wie kostbar, wie besonders. Das half mir als jüngerer Mensch, meine Endlichkeit zu begreifen – und die richtigen Schlüsse daraus zu ziehen.

Mittlerweile ist ja bekannt, was Menschen kurz vor dem Tod am meisten bereuen: nicht etwa die Dinge, die sie getan haben, sondern jene, die sie *nicht* getan haben. »Ich wollte doch noch …«, so begannen viele Sätze der Sterbenden, um die ich mich damals kümmerte. Oder: »Warum habe ich nie …?« Leider gehen den meisten Menschen solche Gedanken erst durch den Kopf, wenn es zu spät ist. Wie gern würden sie die Uhr zurückdrehen und alles anders machen. Mehr Zeit mit ihren Liebsten verbringen zum Beispiel, ihnen zeigen, was sie ihnen bedeuten.

Auch in Krisenzeiten wachen viele auf. Während der Corona-Krise erlebte ich, wie plötzlich alle näher zusammenrückten. Nie wurden so viele Telefonate geführt, so viele Mails geschrieben, Briefe versendet und Liebeserklärungen ausgesprochen wie in diesen Wochen des Bangens. So schön und ermutigend das war, manchmal musste ich doch den Kopf schütteln. Ist eine Katastrophe nötig, damit wir endlich das tun, was wir immer verschieben? Müssen wir erst mit einer Todesgefahr konfrontiert werden, damit wir lang vernachlässigte Freunde anrufen, uns gegenseitig unserer Zuneigung versichern und uns zu liebevollen Gesten durchringen?

Sobald der Tod ins Bewusstsein kommt, wundern sich viele, wie dünn der Lebensfaden sein kann. Lieber wird die Endlichkeit verdrängt. Doch irgendwann verschwindet jeder von der Bildfläche, und dann fragt man sich, was man hinterlässt. Auch du kannst dir ein paar Fragen stellen: Gibt es Menschen, denen du etwas geben konntest? Werden sich manche von ihnen mit einem Lächeln an dich erinnern? Welche Spuren wirst du in den Herzen hinterlassen haben?

Solche Überlegungen bewegen mich schon seit langer Zeit, was unter anderem mit meinem lang ausgeübten Beruf zu tun hat. Als Koch hinterlässt man kein sichtbares Lebenswerk. Anders als ein Architekt, dessen Gebäude man auch noch nach seinem Tod bewundern kann, ging es beim Kochen nur um den flüchtigen Moment, in dem ich meine Gäste glücklich machen konnte.

Gern denke ich beispielsweise an die Zeit, als ich in der Kantine der Komischen Oper Berlin arbeitete. Es war eine schöne Erfahrung, weil ich viele Sänger und Musiker kennenlernte, unter anderem den Countertenor Jochen Kowalski, einen hochsympathischen Künstler. Immer an Silvester musste ich mit der Küchencrew für tausend Gäste ein Fingerfood-Büfett vorbereiten. Bei acht Häppchen pro Person bedeutete das achttausend Häppchen. Eine Riesenherausforderung! Ich hatte nur wenige Helfer, trug aber die gesamte

Verantwortung, dass alles klappte. Wir schufteten hart. Die Gäste rissen uns förmlich die Tabletts aus der Hand, und wir gaben alles, damit jeder auf seine Kosten kam.

Einmal stand ich am Neujahrsmorgen um drei in der Frühe völlig fertig in der Küche und dachte: Da hast du so hart gearbeitet, und am Schluss ist alles weg. Im selben Moment korrigierte ich mich innerlich. *Nein, es ist nicht alles weg. Die Gäste haben gefeiert, es hat ihnen geschmeckt, und mit dieser guten Erfahrung starten sie ins neue Jahr. Vielleicht hast du ein wenig dazu beigetragen, dass sie sich gern an dieses Silvesterfest erinnern. Also beklage dich nicht über die Vergänglichkeit dessen, was du tust.*

Auch später habe ich noch oft an diese Silvesternacht gedacht. Sie scheint mir ein Sinnbild zu sein. Am Ende zählt doch nur, dass wir uns und anderen gute Momente geschenkt haben. Dass wir positive Energien verbreiten konnten, und sei es mit Kleinigkeiten. Ein Satz von Mahatma Gandhi passt hier wirklich rein: »Sei selbst die Veränderung, die du dir wünschst für diese Welt.« Sogar in meinem kleinen Rahmen wollte ich immer diese Veränderung zum Besseren sein.

Als Koch bemühte ich mich, den Gästen einen Augenblick des Genusses zu schenken, mit all meinem Können, mit Herz und Liebe. Konkret bedeutete das: frische saisonale Produkte, keine Convenience-Erzeugnisse, abwechslungsreiche Speisekarten. Es ist anstrengend, Hunderte von Rouladen zu rollen, bis die Handgelenke wehtun. Es erfordert Zeit und Mühe, Hühnerfrikassee selbst zu kochen, statt mit Fertigsoßen herumzuhantieren. Für mich war das selbstverständlich. Es war für mich eine Frage des Anstands, genau dort, wo man vom Leben hingestellt wird, sein Bestes zu geben.

Bleiben wir doch gleich beim Essen – im übertragenen Sinne. Das Alter ist keineswegs das Dessert des Lebens. Ich betrachte es als ein Büfett, von dem ich mir nur noch das nehme, was mir wirklich schmeckt. Ich kann wählerisch sein, weil ich mittlerweile weiß, was gut für mich ist. Man muss nicht an irgendwelchen alten Gewohnheiten festhalten. Viele Menschen tun es dennoch und nehmen sich fast wahllos alles, was sie auf dem Büfett vorfinden. Es wäre besser, in sich hineinzuhören und bewusste Entscheidungen zu treffen. Jeder hat eine Zentrale in sich, die das klären könnte. Leider wird uns beigebracht, unsere Impulse zu unterdrücken, deshalb bleiben viele in den Endlosschleifen ihrer Gewohnheiten gefangen.

Je älter ich werde, desto deutlicher steht mir das alles vor Augen. Aber was bedeutet das überhaupt, das Alter? Du alterst von dem Augenblick an, in dem du geboren wirst. Danach entwickelst du dich weiter, bist mal glücklich, mal unglücklich, machst Fehler und auch einiges richtig. Im Laufe der Zeit lernst du, wer du bist und was du wirklich willst. Wenn du dann ein höheres Alter erreicht hast, kannst du endlich tun, was du möchtest. Du musst dich nicht mehr anpassen, keine Erwartungen erfüllen. Die Programme sind durch – berufliche Laufbahn, Familiengründung, all das, was dich in Atem gehalten hat. Jetzt könntest du dir endlich die Freiheit nehmen, ganz du selbst zu sein. Leider traut sich nicht jeder, diese Freiheit auszukosten. Stattdessen geben sich viele auf, weil man ihnen signalisiert: Hey, du bist alt, also mach dich unsichtbar. Ein ganz, ganz schlechter Rat.

Genauso verfehlt ist der Wunsch, krampfhaft alles festzuhalten, um der Vergänglichkeit etwas entgegenzustemmen.

Festhalten? Nein, loslassen – das ist mein Thema. Auch ganz praktisch. In meiner kleinen Wohnung wird regelmäßig ausgemistet. Ich bin überhaupt nicht der Sammeltyp, denn ich möchte mich nicht mit lauter Erinnerungsstücken umgeben. Wenn Menschen älter werden, neigen sie ja dazu, in den Relikten ihrer Vergangenheit zu schwelgen. Sie leben im Museum ihres Lebens. Das mag charmant wirken, doch es verstärkt den rückwärtsgewandten Blick. Zum Beispiel habe ich noch ein paar CDs, aber auch die werde ich demnächst verschenken, weil ich meine Lieblingsmusik auf dem Smartphone gespeichert habe, das ich dann per Bluetooth mit meinen Boxen verbinde. Oder ich höre sie mit kabellosen Kopfhörern, wenn ich unterwegs bin.

Ich lebe lieber im Hier und Jetzt. Ich will neugierig bleiben, deshalb ist Loslassen eine Dauerübung für mich geworden. Nur wer loslässt, hat die Hände frei für Neues. Der Vergangenheit trauere ich nicht hinterher. Ich möchte auch nicht mehr jung sein – dann wäre ja die Summe meiner Erfahrungen weg. Natürlich möchte jeder die angenehmen Dinge festhalten und die unangenehmen für immer loswerden. So funktioniert das Leben aber leider nicht. Rückblickend stelle ich fest, dass es die weniger freudvollen Ereignisse sind, die mich etwas lehren. Gerade die negativen Erfahrungen stoßen positive Veränderungen an. Sie motivieren mich, meine Einstellungen zu überdenken, und erinnern mich daran: Du musst Vertrauen in den Lauf der Dinge haben.

Was nimmst du dir vom großen Büfett des Lebens? Nicht erst im Alter solltest du anfangen, wählerisch zu sein. Denk an deine Endlichkeit, dann füllt sich dein Leben ganz von selbst mit Dankbarkeit und spannenden Erlebnissen. Mach dein eigenes Ding! Wenn dich jemand fragt: »Aber ist das nicht ein bisschen albern, wie du drauf bist?«, dann sagst du: »Nein.« Wenn jemand fragt: »Bist du nicht zu alt dafür?«, sagst du: »Unsinn.« Schon als Jugendlicher hatte ich eine Aversion gegen den Satz: »Was sollen denn die Leute denken?« Wenn dir jemand damit kommt, entgegnest du einfach: »Die Leute, die nicht gut finden, wie ich lebe, möchte ich erst gar nicht kennenlernen.«

Was nimmst du dir vom großen Büfett des Lebens? Nicht erst im Alter solltest du anfangen, wählerisch zu sein.

Für mich gibt es jedenfalls keine Klischees, was altersgerecht ist. »Werd endlich mal erwachsen!«, den Satz hast du bestimmt auch schon mal gehört. In der Jugendzeit von deinen Eltern, später dann von Leuten, die zu wissen meinten, was gut für dich ist. Aber erwachsen, was heißt das schon? Sieh dich um. Es heißt nur zu oft: langweilig, angepasst, leblos. All diese Regeln, die vorgeben, wie man sich als Jugendlicher, als Erwachsener oder als älterer Mensch verhalten sollte, kannst du sofort wieder vergessen. Trau dich. Sei einfach du!

14

Sei einfach du!

Die Checkliste für jeden Tag

So, an dieser Stelle möchte ich mich erst einmal bei dir bedanken. Danke, dass du mir zugehört hast! Danke, dass du mit mir durch mein Leben gereist bist. Danke, dass wir gemeinsam an ein paar Stationen haltgemacht haben, die mir wichtig erschienen für das, was ich dir schenken möchte: den Mut, wirklich du selbst zu sein. Damit du sofort damit anfangen kannst, kommt hier noch eine Checkliste für jeden Tag. Du kannst sie mit dem Smartphone abfotografieren und jederzeit durchlesen. Du kannst sie auch abtippen, ausdrucken und an deinen Kühlschrank hängen, als mentales Frühstück für einen gelungenen Tag. Ich wünsche dir viel Vergnügen und pralle Lebenslust!

- Finde heraus, wie du dich glücklich machen kannst, dann ist das Glück an deiner Seite.

- Gute Laune ist kein Zufall. Es ist deine Entscheidung, welche Laune du hast. Also gib Verstimmungen und Verärgerungen nicht unnötig viel Raum.

- Steh zu dem, was du bist, zu deinen Träumen, deinen Wünschen, deinen Gefühlen.

- Kleide dich so, dass du dein Ich damit feierst.

- Überlege jeden Tag, was dir Freude bereitet; lerne die kleinen Freuden schätzen, damit du dich und das Leben schätzen kannst.

- Unternimm was, bleib bloß nicht auf der Couch hocken.

- Nimm dich wichtig. Löse dich nicht in Pflichten und Ablenkungen auf.

- Klage nicht über das, was du nicht ändern kannst; aber erkenne, was du ändern kannst – und dann tu es! Sofort!

- Verlagere deinen Blick auf die positiven Aspekte deines Lebens – der Blick auf das Positive gibt Kraft.

- Bleibe eigenständig, auch in Beziehungen.

- Finde Gleichgesinnte. Wahre Freunde sind zwar ein Geschenk, doch du musst aktiv nach ihnen Ausschau halten.

- Lerne zu erkennen, wer deine wahren Freunde sind – sie werden dich nie enttäuschen.

- Offenbare deinen Freunden alle deine Unzulänglichkeiten, Ängste, Brüche; trau dich, denn Menschen, die das akzeptieren, sind gut für dich.

– Sei neugierig; lass dich nicht davon abhalten, immer wieder etwas Ungewohntes auszuprobieren.

– Verzeihe Menschen, die dich verletzt haben, andernfalls wirst du sie als Belastung durch dein weiteres Leben schleppen müssen.

– Übe dich in Höflichkeit, und erfreu dich an den guten Momenten, die du damit zauberst.

– Entwickele ein Gespür dafür, wann du Ruheinseln brauchst.

– Überfordere dich nicht. Sei gut zu dir.

– Mach dir deine Endlichkeit bewusst. Betrachte jeden Moment deines Lebens als kostbar und besonders.

– Bleibe körperlich wie geistig beweglich – und tanze! Tanze aus der Reihe! Tanzen tut Körper und Seele gut!

Danksagung

Dieses Buch hätte nicht entstehen können ohne die vielen Weggefährten, denen ich so viel Liebe, wertvolle Erfahrungen und wunderbare Unterstützung verdanke. Allen voran möchte ich Heidi, Valesca, Margrit, Thomas, Erich, Robert, Britt, Carsten & Carsten, Ernst, Jürgen und Jochen danken. Ein weiterer großer Dank gilt dem Verlag HarperCollins, namentlich Jürgen Welte und Nannette Elke, die von Anfang an an dieses Projekt geglaubt haben. Danken möchte ich auch meiner Freundin Christine Eichel, die mich zu diesem Buch ermutigte und mir mit Rat und Tat zur Seite stand.